Ralph Kindel & Jochen Tack

Heimat erfahren

Mit der Ruhrbahn
Essen und Mülheim an der Ruhr erwandern

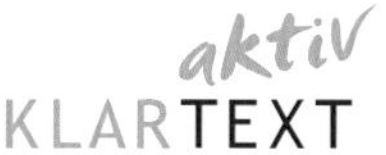

Bildnachweis

Hans Blossey: S. 17, 62/63; Funke Foto Service/Martin Möller S. 13; Ruhrbahn GmbH: S. 3; Wikipedia: NSG_MH-015_Ruhrtalhang_am_Auberg_Muelheim_Ruhr_04_ OhneSinn_CC BY-SA 4.0 S. 29, Essen_Kupferdreh_Deilbachhammer_09_Frank Vincentz_CC BY-SA 3.0 S. 154
Alle anderen Abbildungen: Jochen Tack

In Kooperation mit der 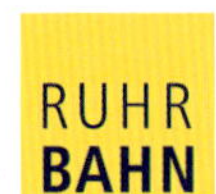

Bibliografische Information der Deutschen Nationalbibliothek
Die Deutsche Nationalbibliothek verzeichnet diese Publikation in der Deutschen Nationalbibliografie; detaillierte bibliografische Daten sind im Internet über portal.dnb.de abrufbar.

Impressum

1. Auflage September 2024
Layout und Satz: Joachim Bartels
Redaktion: Kerstin Goldbach
Kartenerstellung: Leon Thomes
Karten: Die Karten wurden mit Daten von OpenStreetMap erstellt (www.openstreetmap.org)
Druck und Bindung: AALEXX Druck Produktion, Thönser Str. 5a, 30938 Großburgwedel
Umschlaggestaltung: Guido Klütsch
Umschlagabbildung: Jochen Tack
© Klartext Verlag, Essen 2024
Alle Rechte vorbehalten
ISBN 978-3-8375-2602-8

KLARTEXT

Jakob Funke Medien Beteiligungs GmbH & Co. KG
Jakob-Funke-Platz 1, 45127 Essen
info.klartext@funkemedien.de
www.klartext-verlag.de

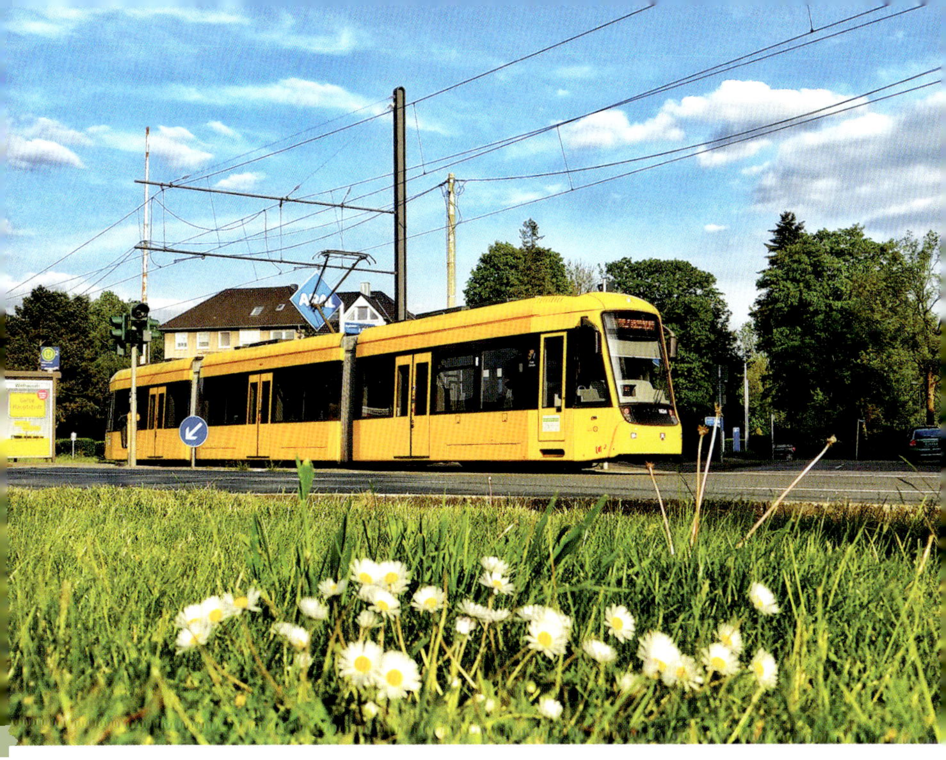

Zeichenerklärung

 Startpunkt

 Zielpunkt

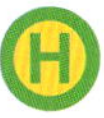 Haltestelle

Tram Straßenbahn

 Bus

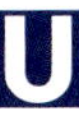 U-Bahn

 S-Bahn

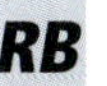 Regional-Bahn

RE Regional-Express

 Aussichtspunkt

 Gastronomie

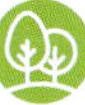 Naturerlebnis

 familienfreundlich

 Sehenswürdigkeit

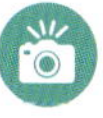 Fotospot

Kulturstätte

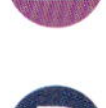 Parkplatz

 Kunstobjekt

 Freizeitspaß

 Fähre

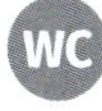 Öffentliche Toiletten

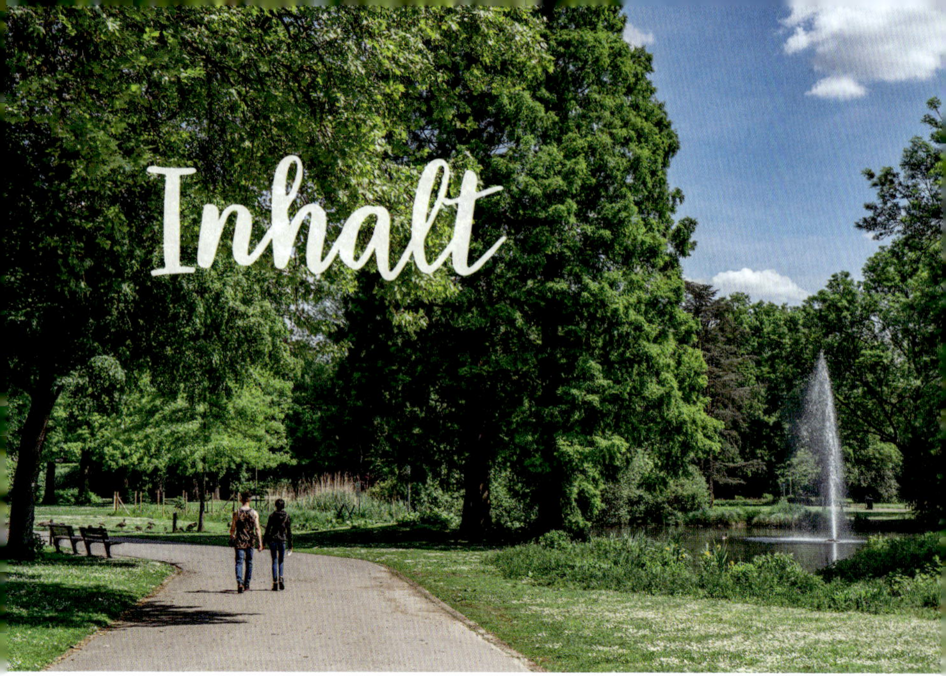

Inhalt

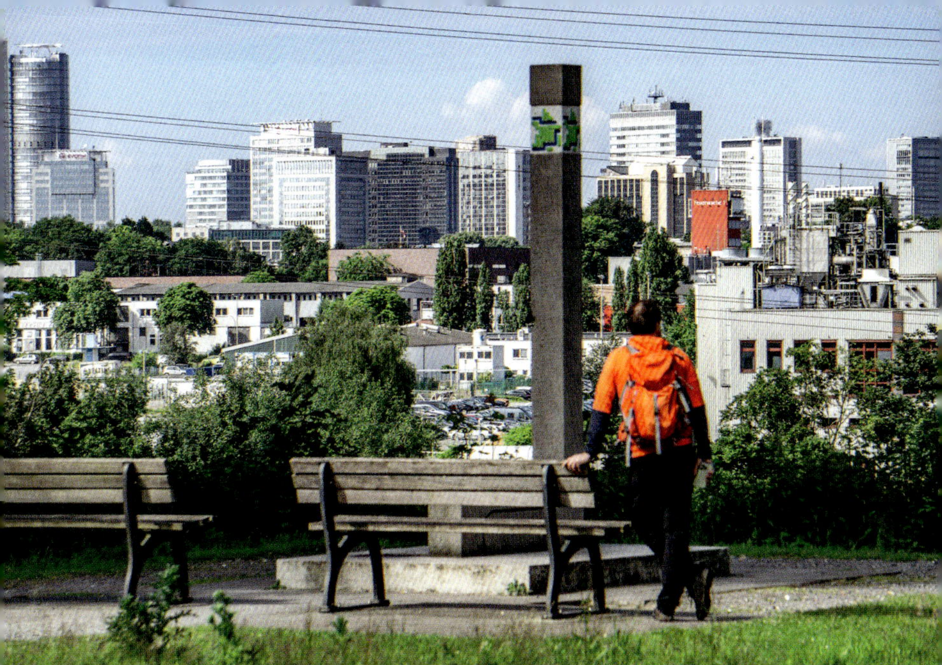

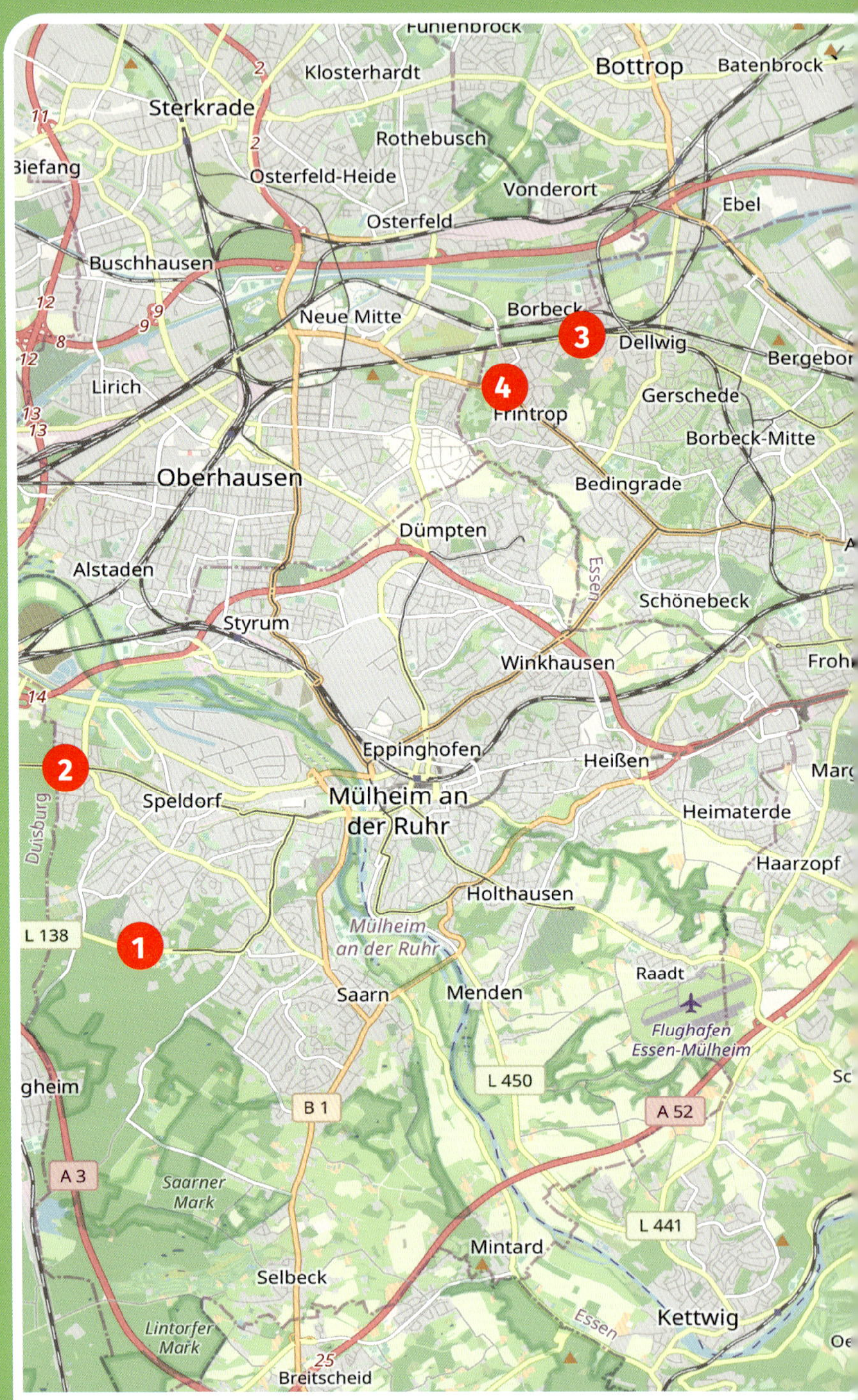
Bottrop
Batenbrock
Klosterhardt
Sterkrade
Rothebusch
Osterfeld-Heide
Vonderort
Ebel
Osterfeld
Buschhausen
Neue Mitte
Borbeck
3
Dellwig
Bergebor
4
Frintrop
Gerschede
Lirich
Borbeck-Mitte
Oberhausen
Bedingrade
Dümpten
Alstaden
Essen
Schönebeck
Styrum
Winkhausen
2
Eppinghofen
Heißen
Speldorf
Mülheim an der Ruhr
Heimaterde
Duisburg
Haarzopf
Holthausen
L 138
1
Mülheim an der Ruhr
Raadt
Saarn
Menden
Flughafen Essen-Mülheim
L 450
B 1
A 52
A 3
Saarner Mark
L 441
Mintard
Selbeck
Kettwig
Lintorfer Mark
Breitscheid

Die Wander-Touren im Überblick

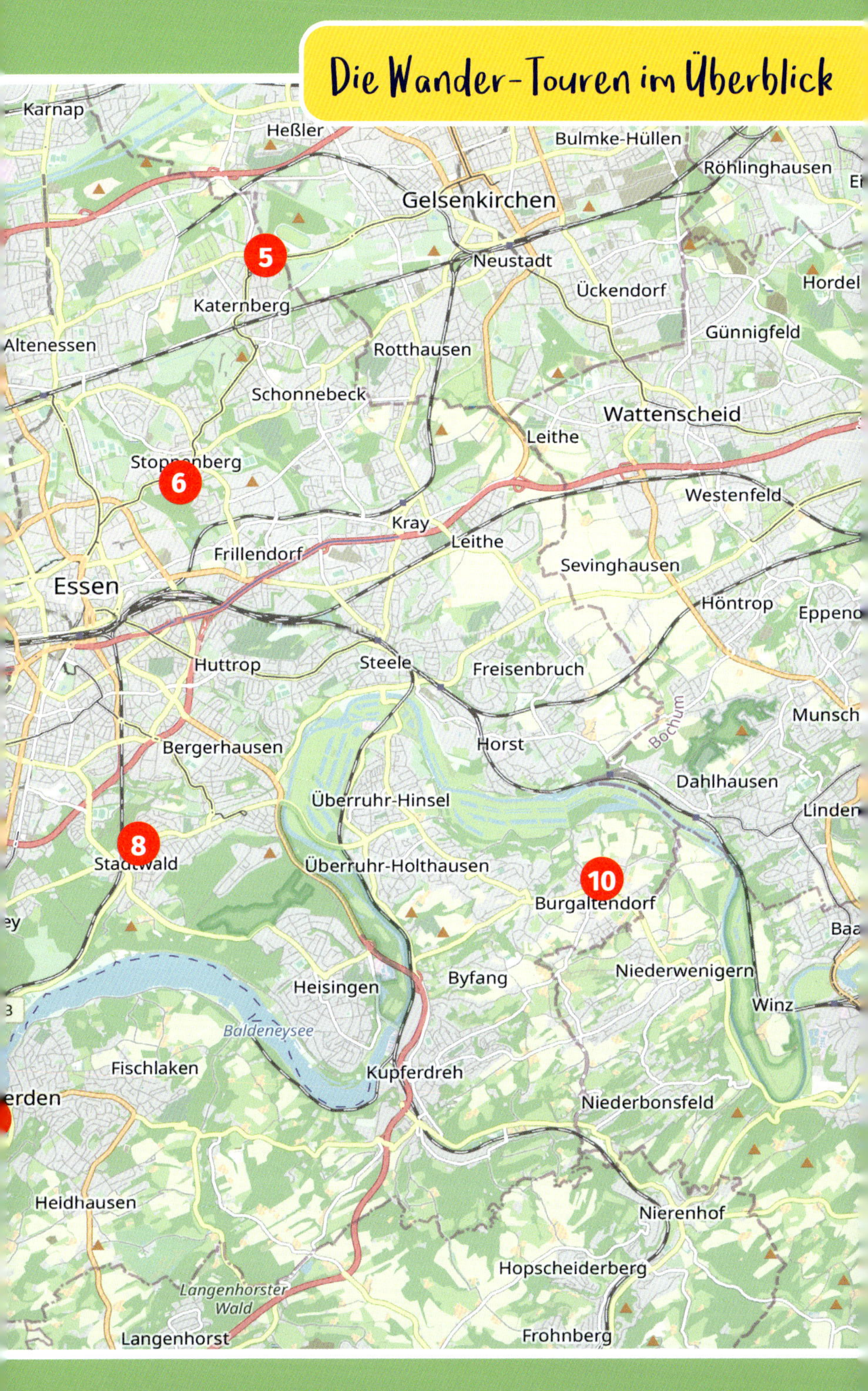

Vorwort

Die Idee des urbanen Wanderns in Essen wurde mit der Erschließung des BaldeneySteigs im Zuge der Titelvergabe „Grüne Hauptstadt Europas Essen 2017“ begründet. Seitdem wurde die Idee stetig mit neuen Projekten weiterentwickelt: es folgten der Kettwiger PanoramaSteig, die Grünen Routen, der ZollvereinSteig und der DeilbachSteig. Mittlerweile ist Essen dank dieser Projekte und des Engagements der Essen Marketing GmbH (EMG) zu der führenden Wanderdestination im Ruhrgebiet geworden.

Der Ursprungsgedanke des urbanen Wanderns war, statt in entfernte Wandergebiete wie die Eifel oder das Sauerland zu fahren, vor Ort reizvolle Touren zu kreieren und zu erwandern. Diese Idee haben wir nun gemeinsam mit der Grünen Hauptstadt Agentur und der Ruhrbahn weitergedacht. Für die Touren in diesem Buch verzichten wir gänzlich auf das Auto und nutzen für die Anreise die leistungsstärkste Mobilitätspartnerin der Stadt: die Ruhrbahn.

Die Ruhrbahn befährt mit elf Straßenbahn-, drei U-Bahn-, 54 Bus- sowie 22 Nachtexpress-Linien täglich ein Streckennetz von fast 1165 Kilometern. Addieren wir die gefahrenen Kilometer pro Tag, so befährt sie über das 1,5-Fache der Strecke einer Erdumrundung – und das Tag für Tag. Diese Leistungsstärke haben wir uns zu Nutze gemacht.

Das Grundprinzip der vorgestellten Wandertouren ist immer dasselbe. Wir starten meist von einer hoch frequentierten Haltestelle der Ruhrbahn und enden an einem Drehkreuz des öffentlichen Nahverkehrs. So nutzen wir die vorhandene Infrastruktur der Urbanität perfekt aus. Dank der Mobilitätsapp ZÄPP der Ruhrbahn können wir die An- und Abreise sehr gut planen und sogar den Ticketkauf über diese App abwickeln.

Wir möchten mit diesem Wanderbuch nicht nur einen weiteren Ansatz bieten, den ÖPNV zu nutzen, sondern auch die zahlreichen Grünzüge im Stadtgebiet erlebbar machen. Dank der jahrhundertealten vorbildlichen Grün- und Stadtplanung hat Essen eine Durchgrünung wie kaum eine andere Industriestadt, und mit dem Projekt

„ESSEN.Neue Wege zum Wasser“ wird ein weiterer Schritt getan, eine attraktive grüne Infrastruktur zu schaffen. Basierend auf den Grundlagen des einstigen Essener Stadtplaners Robert Schmidt nutzen wir heute noch Flusstäler als „Grüne Kraftbänder“, durchwandern die in den 1920er-Jahren angelegten Friedhöfe und ehemalige Industrieflächen, die sich im Zuge der städtischen Grünplanung zu attraktiven Freizeitarealen gewandelt haben. Überall lassen sich „Grüne Kraftbänder“ finden, deren Verbindung die Grundlage dieses Buches und der Touren ist. Das Besondere an den Routen ist, dass es keine Rundwege sind. Diese ermöglicht ein anderes Wandern und gab uns mehr Freiheit bei der Planung, muss doch nicht immer ein „grüner Weg“ zum Ausgangspunkt gefunden werden. Auch können die meisten Touren vorzeitig beendet werden, denn es werden immer wieder Haltestellen der Ruhrbahn gekreuzt und dank der ZÄPP-App ist der Heimweg schnell geplant. So können Wandern und klimafreundliche Mobilität wunderbar verbunden werden.
Alle im Buch beschriebenen Touren sind von uns frei konzipiert und folgen keinem Wanderzeichen. Die Dauer der Touren zeigt die reine Wanderzeit ohne Pausen an und die angegebenen Höhenmeter weisen die Anzahl der Meter aus, die auf der Wanderung erklommen werden. Damit Sie die Wege der einzelnen Touren sicher finden und nicht vom Weg abkommen, empfehlen wir, sich die Tour als GPX-Datei herunterzuladen und diese in einer Wander- oder Karten-App zu starten: So haben Sie die perfekte Wegführung. Die Startpunkte haben wir per what3words angegeben. Geben Sie die drei Worte in die gleichnamige App ein und schon finden Sie den Startpunkt auf den Meter genau.

Grün auf!
Jochen Tack und Ralph Kindel

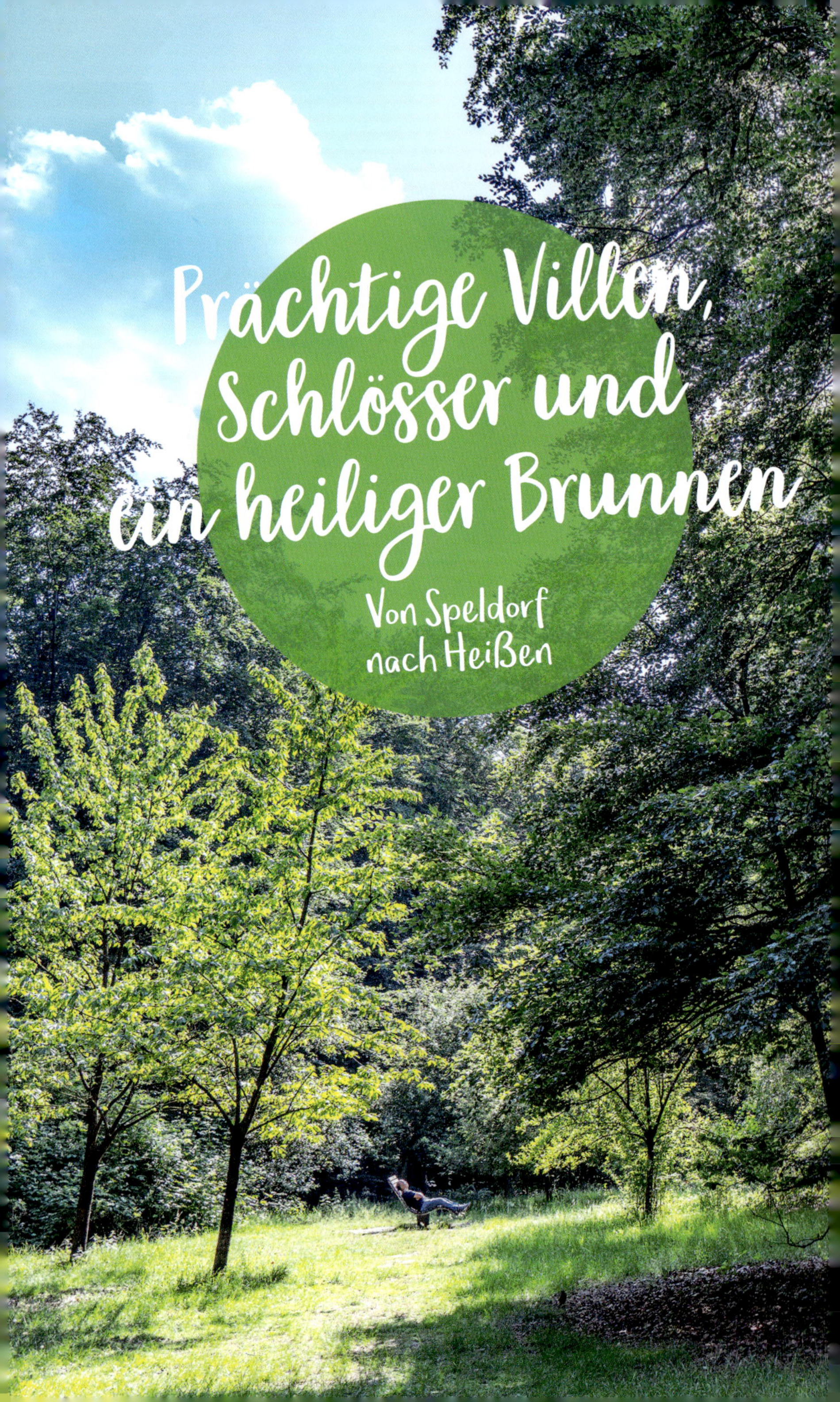

Prächtige Villen, Schlösser und ein heiliger Brunnen

Von Speldorf nach Heißen

Die Wanderung beginnt an der Grenze zu Duisburg und führt auch teils durch das Duisburger Stadtgebiet. Sie ist zu zwei Dritteln im wahrsten Sinne des Wortes eine grüne Tour, denn wir wandern überwiegend durch Waldgebiet. Im weiteren Verlauf wird es dann aber sehr urban, die Tour führt uns somit von der Ruhe zum pulsierenden Leben.

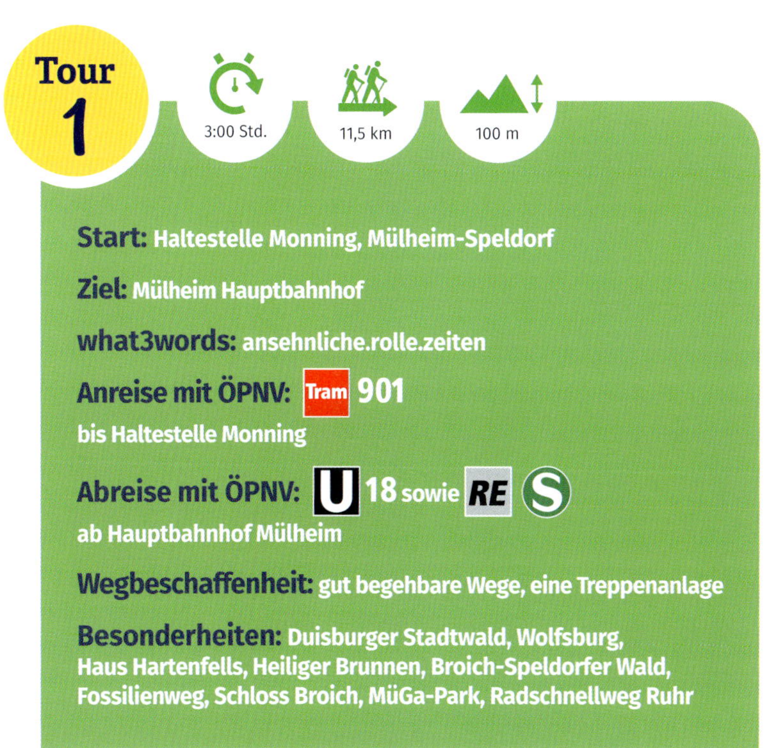

Wegbeschreibung: Wir starten die Tour an der Haltestelle Monning und wenden uns direkt zur gegenüberliegenden Straßenseite. Dort gehen wir rechts und biegen nach wenigen Metern links in den Grenzweg ein. Der macht seinem Namen alle Ehren, denn das Waldgebiet zur rechten Seite liegt auf Duisburger-, die Häuser auf der linken Seite hingegen auf Mülheimer Stadtgebiet. Die Siedlung auf der Mülheimer Seite ist auch als Villengebiet Prinzenhöhe bekannt, und wie es der Name erahnen lässt, durch stattliche Anwesen gekennzeichnet. Wir bleiben für knapp einen Kilometer auf dieser Straße und wandern leicht bergauf zum höchsten Punkt der Stadt Duisburg.

Info

Duisburger Stadtwald

Der Stadtwald ist ein circa 600 Hektar großes Waldgebiet im Osten Duisburgs an der Grenze zu Mülheim, das heute der Duisburger und Mülheimer Bevölkerung der Erholung dient und gern zu ausgiebigen Spaziergängen, Joggingrunden und Fahrradtouren genutzt wird. Im Stadtwald gibt es nicht nur ein Hügelgräberfeld, ein Wildschweingehege, eine Meditationswiese und einen Forellenteich, sondern auch einen heiligen Brunnen. Im westlichen Bereich des Stadtwaldes befindet sich auch der Duisburger Zoo.

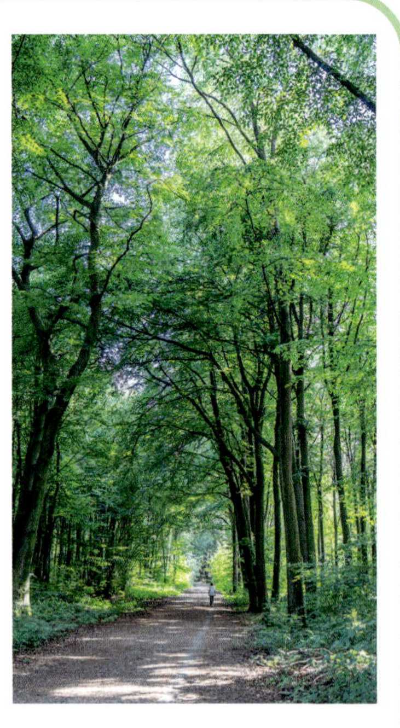

Als letztes Haus auf der linken Straßenseite sehen wir ein ehemaliges Kurhaus, das heute die katholische Akademie „Die Wolfsburg“

beherbergt, und keine 100 Meter weiter erreichen wir auf der rechten Seite einen Weg, der uns zum Haus Hartenfels führt.

Am Weg

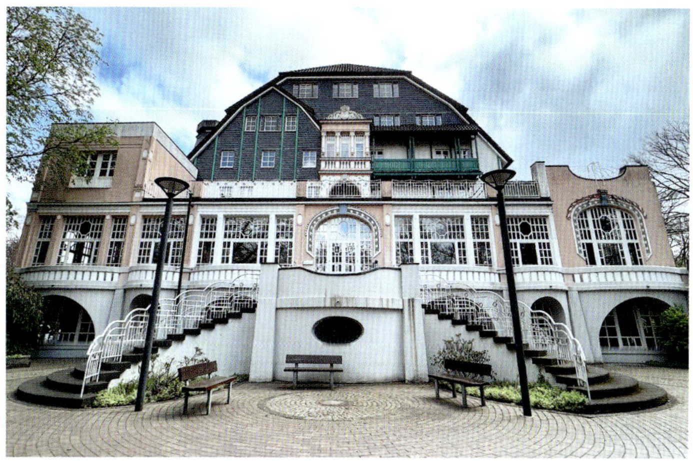

Die Wolfsburg

Das im Jahre 1906 im sogenannten Heimatstil errichtete Gebäude wurde als Sommersitz einer Brauereifamilie geplant, dann aber als Wald- und Kurhotel sowie Ausflugslokal genutzt. Der Name rührt daher, dass Anfang des 19. Jahrhunderts Wölfe in den umliegenden Wäldern lebten. Das denkmalgeschützte Gebäude zeigt zahlreiche Elemente des Jugendstils und ist ein hervorragendes Beispiel für die Gartenstadtbewegung, die den Menschen im aufstrebenden Industriezeitalter ein Leben im Grünen ermöglichen sollten. Die Architektur der Gebäude stellte deshalb den Menschen und seine Bedürfnisse in den Mittelpunkt. Die heutige Nutzung geht auf das Jahr 1959 zurück. Ein Jahr nach der Gründung des Ruhrbistums kaufte der damalige Bischof Franz Hengstbach das Anwesen, um eine zentrale Bildungsstätte für das junge Bistum zu schaffen. Noch heute ist die Akademie ein Haus mit menschlichem Maß, mit ausgeprägter Gastorientierung und offen für Gespräche über die wichtigen Fragen von Kirche und Gesellschaft.

Am Weg

Haus Hartenfels

Der schlossartige Landsitz wurde 1910/11 für den Stahlindustriellen Peter Klöckner als Landsitz errichtet. Es befindet sich auf rund 82 Meter Höhe über Normalnull und damit knapp einem Meter unterhalb der höchsten Erhebung Duisburgs. Das denkmalgeschützte Haus ist nicht zu besichtigen und wurde zwischen 2014 und 2019 grundlegend renoviert und zu Wohneinheiten umgebaut.

Wir gehen an der Zufahrt zu Haus Hartenfels vorbei und biegen auf den nächsten Waldweg, dem Drachensteig, rechts ab. Auf der Höhe von Haus Hartenfels gehen wir an der ersten Möglichkeit links. Nach wenigen Metern befindet sich auf der rechten Seite der nicht gekennzeichnete höchste Punkt Duisburgs und damit auch dieser Wanderung mit 83,7 Metern über Normalnull. Nachdem sich das alpine Hochgefühl eingestellt hat, bleiben wir auf dem Weg und halten uns nach 400 Metern bei einer Abbiegung rechts. Wir folgen dem Weg weitere 225 Meter, um dann links einen schmalen Weg zu nehmen, der uns zur Meditationswiese bringt. Es finden hier regelmäßig Kurse statt, wo man regelrecht im Wald baden kann. Wir gehen nach links auf den Weg, der uns leicht bergab zur nächsten Sehenswürdigkeit leitet. Links, wenige Meter vom Weg entfernt, sehen wir den Heiligen Brunnen.

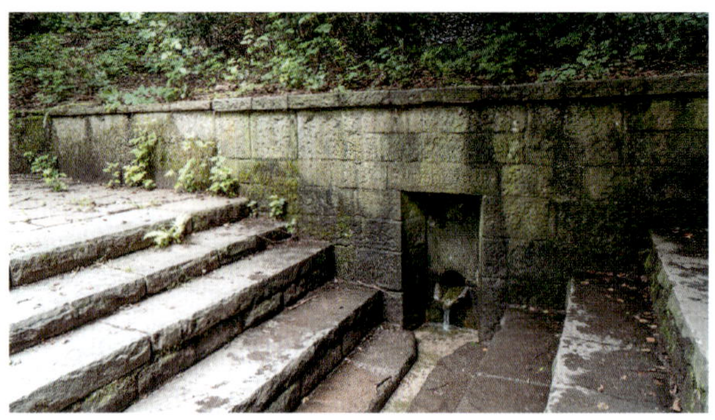

Der Heilige Brunnen im Duisburger Stadtwald

Am Weg

Heiliger Brunnen

Die Quelle wurde das erste Mal 1563 als „hilgen bornschen Berg" erwähnt. Es existieren zahlreiche Legenden um diese Quelle, so wurden ihr heilende Kräfte zugeschrieben. Fakt ist, dass die obersten Schichten des Stadtwaldes aus eiszeitlichen Kiesen und Sanden bestehen, die das Regenwasser filtrieren und speichern. An der 1935 erbauten Brunnenanlage tritt nun das Wasser zutage. Es handelt sich jedoch nicht um Trinkwasser und als Heilmittel ist das Wasser wertlos.

Wir gehen immer geradeaus weiter bergab und kommen schließlich zu einer Unterführung, die uns in den südlichen Teil des Stadtwalds bringt. 150 Meter nach der Unterführung halten wir uns rechts und überqueren dann die Uhlenhorster Straße, nehmen an einer Kreuzung den Weg halb links und gehen leicht bergauf, bis wir nach knapp 900 Metern eine Waldlichtung mit Bolzplatz erreichen. Wir befinden uns nun auf Mülheimer Stadtgebiet. Auf dem Weg sind immer wieder Stellen zu sehen, an dem der Boden eine bewaldete Kraterlandschaft zeigt. Dieser Umstand ist leicht zu erklären, denn im Zweiten Weltkrieg sind viele Bomben in den Stadtwald eingeschlagen und haben diese Krater hinterlassen.

Am Weg

Broich-Speldorfer Wald

Da die Grenzen zwischen den Wäldern fließend sind, bildet der Broich-Speldorfer Wald zusammen mit dem Stadtwald und der Lintorfer Mark ein zusammenhängendes Waldgebiet von insgesamt 39 Quadratkilometer Größe und dehnt sich über die Städte Duisburg, Mülheim, Ratingen und Düsseldorf aus. Das Waldgebiet ist Landschaftsschutzgebiet und dient neben der forstwirtschaftlichen Nutzung vor allem der Naherholung.

Mit Überschreitung der Stadtgrenze kommen wir nun in den Broich-Speldorfer Wald, einem Waldgebiet von rund 800 Hektar Größe.
Wir lassen den Bolzplatz rechts liegen, wandern weiter geradeaus, überqueren die Straße Worringer Reitweg und nehmen dann den linken Waldweg. Nach 350 Metern gehen wir nach rechts, überqueren den Ganghoferweg, laufen geradeaus weiter und biegen nach 100 Metern links auf den Weg Hammerstein ab, der ein Grundstück umrandet. Auf diesem Weg wandern wir die kommenden 1,3 Kilometer immer geradeaus, bis wir auf eine Siedlung treffen und nach weiteren 300 Metern wieder auf den Ganghoferweg geführt werden. Wir gehen nach rechts für nicht einmal 100 Meter, biegen dann links ab und überqueren den Uhlenhorstweg, um nach 20 Metern scharf nach rechts auf den Waldweg zu gehen. Er führt uns nach einer Linkskurve wenige Meter weiter leicht bergab. Am zweiten Wegekreuz guten 300 Metern gehen wir nach rechts, halten uns direkt links und folgen dem Waldweg. Wir überqueren den Wallfriedsweg und kommen zu einer Siedlung, an deren Häuserrückseite wir auf dem Weg bis zur Saarner Straße laufen. In Sichtweite der Straße nehmen wir an einer Weggabelung den linken Weg und überqueren die Saarner Straße, gehen nach links, um dann direkt rechts in die Straße Rumswinkel einzubiegen. An deren Ende treffen wir auf die Prinzeß-Luisen-Straße, überqueren diese an einer Ampel und gehen auf der gegenüberliegenden Straßenseite in den Wald, den Siepentalwald, hinein. Rechts und links des Wegs liegt der Broicher Friedhof, wir nehmen aber den mittleren Weg, der uns talabwärts führt. Kurz bevor wir nach der Gabelung rechts zum Heuweg kommen, noch ein Tipp: Wer an dieser Stelle statt nach rechts nach links geht, dem Weg geradeaus folgt, findet nach einer Linkskurve auf den Friedhof Broich nach 175 Metern das Friedhofs-WC.
Wir folgen der Rechtskurve und kommen wenige Meter später auf den Heuweg, auf dessen Bürgersteig wir links bergab gehen. Nach 275 Metern nehmen wir links den kurzen Anstieg hinauf und kommen auf die Trasse Fossilienweg.

Am Weg

Fossilienweg

Der nun folgende Rad- und Fußgängerweg liegt auf der ehemaligen Eisenbahntrasse der Unteren Ruhrtalbahn, die von Mülheim-Styrum nach Kettwig führte. Die Strecke wurde 1982 stillgelegt, dient nun der Verbindung innerhalb des Stadtteils Broich ausgehend von Schloss Broich oberhalb der Ruhr.

Wir folgen dem Fossilienweg, bis uns am Ende eine Fußgängerbrücke über die Duisburger Straße zum Schloss Broich führt. Auf diesem 1,3 Kilometer langen Weg begleitet uns zur rechten Seite die Ruhr. Nach 350 Metern erreichen wir links den Steinbruch Kassenberg, der noch heute in Betrieb ist. In diesem wird seit 100 Jahren der Ruhrsandstein abgebaut. Er lieferte den Baustoff für viele historische Gebäude. So finden sich in zahlreichen Beschreibungen aus der Zeit der Wende zum 19. Jahrhundert die Formulierung „aus Ruhrsandstein gebaut“. Der Steinbruch ist nicht öffentlich zugänglich. Zum Ende des Fossilienwegs am Spielplatz gehen wir links auf die Fußgän-

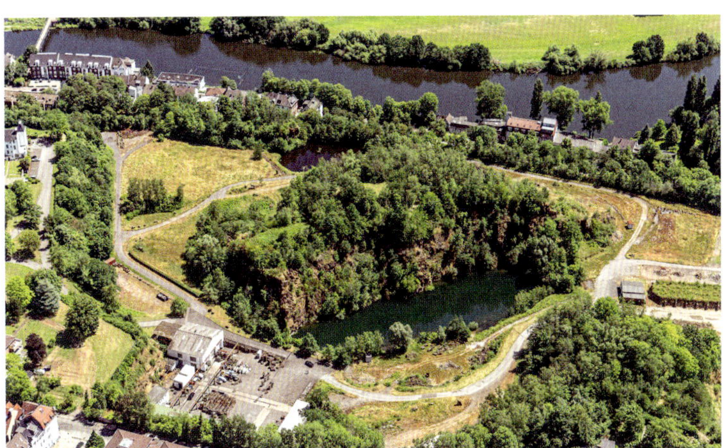

Steinbruch Kassenberg

gerbrücke, die uns in den Darlington Park bringt mit dem Schloss Broich als touristische Attraktion. Nach der Brücke geht es nach rechts und kurz darauf sehen wir schon das Schloss Broich.

Am Weg

Schloss Broich

Schloss Broich ist die älteste erhaltene karolingische Wehranlage nördlich der Alpen. Sie wurde 883/884 zum Schutz gegen die einfallenden Normannen errichtet und gilt als Wiege der Stadt Mülheim. Die Wehranlage steht an einem strategisch sehr wichtigen Ort, hier querte der historische Hellweg, eine der bedeutendsten Handelsstraße des Mittelalters, die Ruhr. Im Laufe der Jahrhunderte wurde die Anlage mehrfach umgebaut und erweitert, sodass sie heute eine Mischung aus mittelalterlicher Burg und barockem Schloss darstellt. Schloss Broich dient heute als Veranstaltungsort für kulturelle Events, Ausstellungen und private Feiern. Zudem beherbergt es das Stadtarchiv und eine historische Dauerausstellung. Die idyllische Lage am Ufer der Ruhr und der angrenzende Schlosspark machen es zu einem beliebten Ausflugsziel.

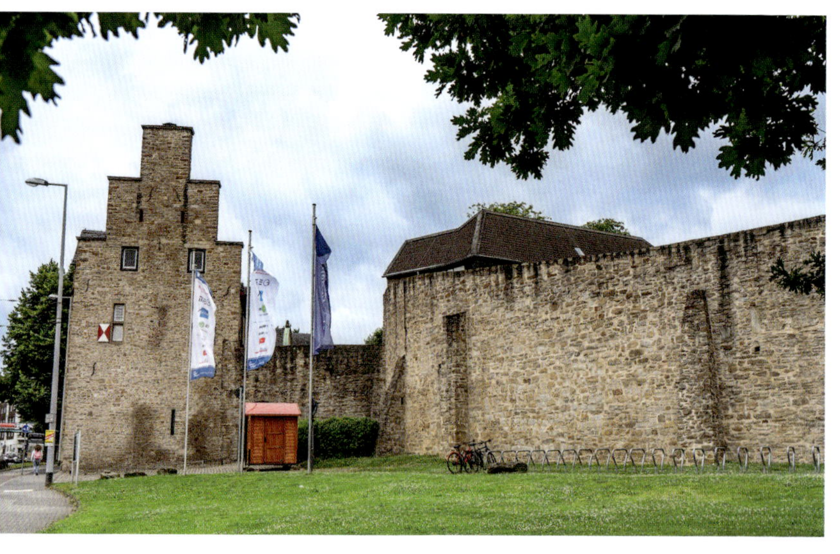

Wir umrunden das Schloss auf der nördlichen Seite und gehen über die Fußgängern vorbehaltene Kfar-Saba-Brücke und gelangen so in den MüGa-Park.

Am Weg

MüGa-Park

Der MüGa-Park wurde anlässlich der Landesgartenschau 1992 auf einem ehemaligen Bahngelände geschaffen. Die wunderschöne Parkanlage und grüne Lunge der Stadt liegt direkt an der Ruhr und bietet Besuchern auf dem 66 Hektar großen Gelände Grünflächen für Picknicks, Radwege, Brunnen und auch Kunstobjekte sind zu bestaunen. Zahlreiche Pflanzen- und Tierarten haben zudem in der Grünanlage eine Heimat gefunden. Der Park ist kostenlos zugänglich.

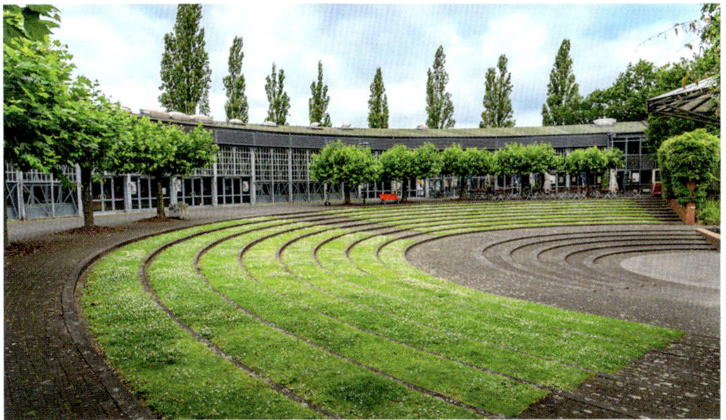

Der Ringlokschuppen in der MüGa – heute ein Ort für Kulturprojekte, Festivalspielstätte und Gastronomie

Wir gehen geradeaus und kommen zu einer Wasserfläche, an deren Ende wir nach rechts abbiegen und für 125 Meter Richtung Ruhr laufen. Kurz vor dem Fluss wenden wir uns nach links zur Ruhrbrücke und gehen an einem Treppenhaus hinauf auf die Brücke. Wir

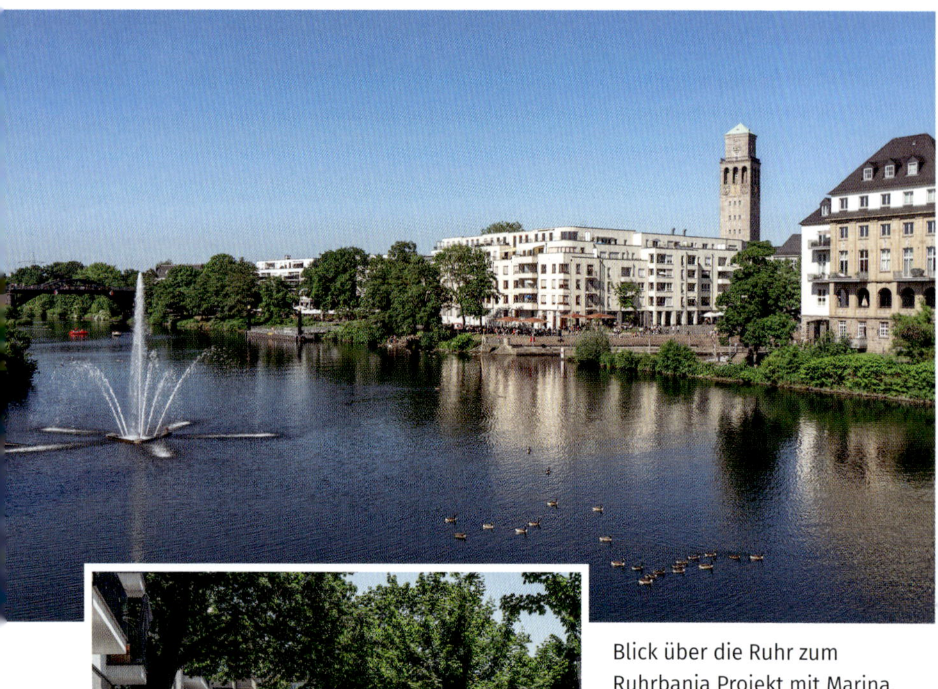

Blick über die Ruhr zum Ruhrbania Projekt mit Marina, Geschäftshäusern und dem Rathausturm im Hintergrund

Ruhrpromenade mit Gastronomie

überqueren die Ruhr und befinden uns nun auf dem Radschnellweg Ruhr (RS1). Rechter Hand sehen wir die Ruhrpromenade. Wer möchte, kann hier in einer der zahlreichen Gastronomien einkehren, die sich an der Promenade befinden. Ein Treppenabgang führt direkt zur Promenade. Wir aber folgen dem Weg für weitere 500 Meter und verlassen schließlich links den RS1. Die Beschilderung zeigt uns bereits unser Ziel den Hauptbahnhof Mülheim an. Wir müssen nur noch den Abgang hinuntergehen, die Ampel überqueren und schon sind wir am Ziel angelangt.

Am Weg

Radschnellweg Ruhr

Der Radschnellweg Ruhr, kurz RS1, ist ein Prestigeprojekt des Ruhrgebiets, dessen Bau ähnliche zeitliche Dimensionen annimmt wie seinerzeit der Bau des Berliner Flughafens. Der RS1 ist ein circa vier Meter breiter Radweg mit einem begleitenden separaten Fußgängerweg. Der Radweg führt im Wesentlichen über stillgelegte Bahntrassen, hat deshalb wenig Steigungen und soll sich auf 114 Kilometer quer durch das Ruhrgebiet von Moers bis Hamm erstrecken. Schon frühzeitig wurde 2017 die Strecke zwischen Mülheim und Essen fertiggestellt, aber leider hinken die Umsetzungen auf der restlichen Strecke dem ursprünglichen Zeitplan hinterher. Die Arbeiten am RS1 sollen vage bis 2030 beendet sein.

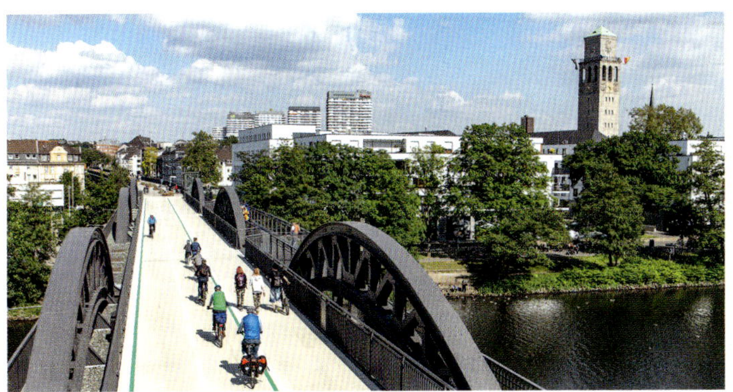

Gastronomie:

König-Pilsener Wirtshaus
Am Rathaus 8
45468 Mülheim
Tel. 0208/20583070
https://wirtshaus-muelheim.de

Franky's an der Ruhrpromenade
Ruhrpromenade 5
45468 Mülheim
Tel. 0208/20581 875
www.frankys-ruhrpromenade.de

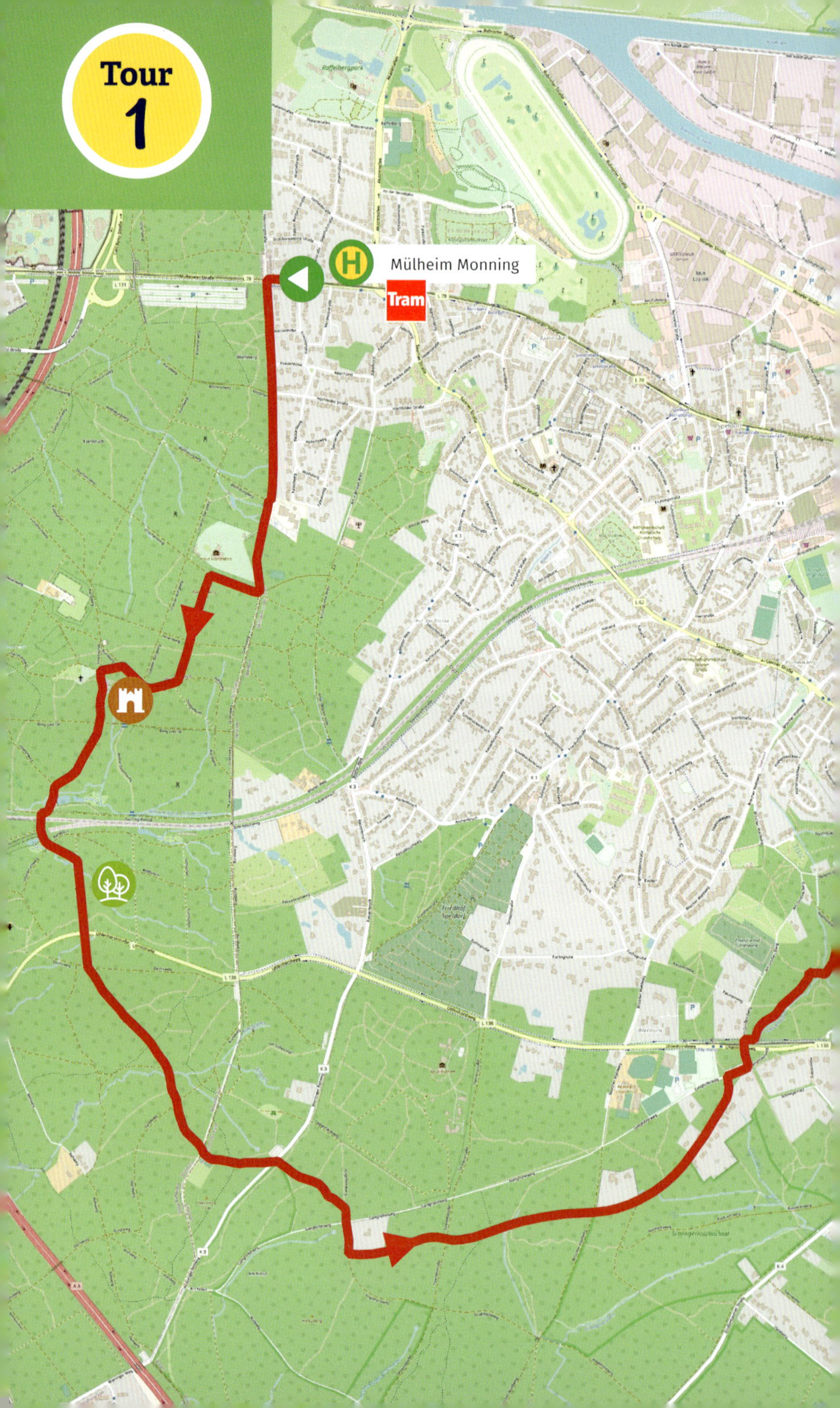
Tour
1
Mülheim Monning
Tram

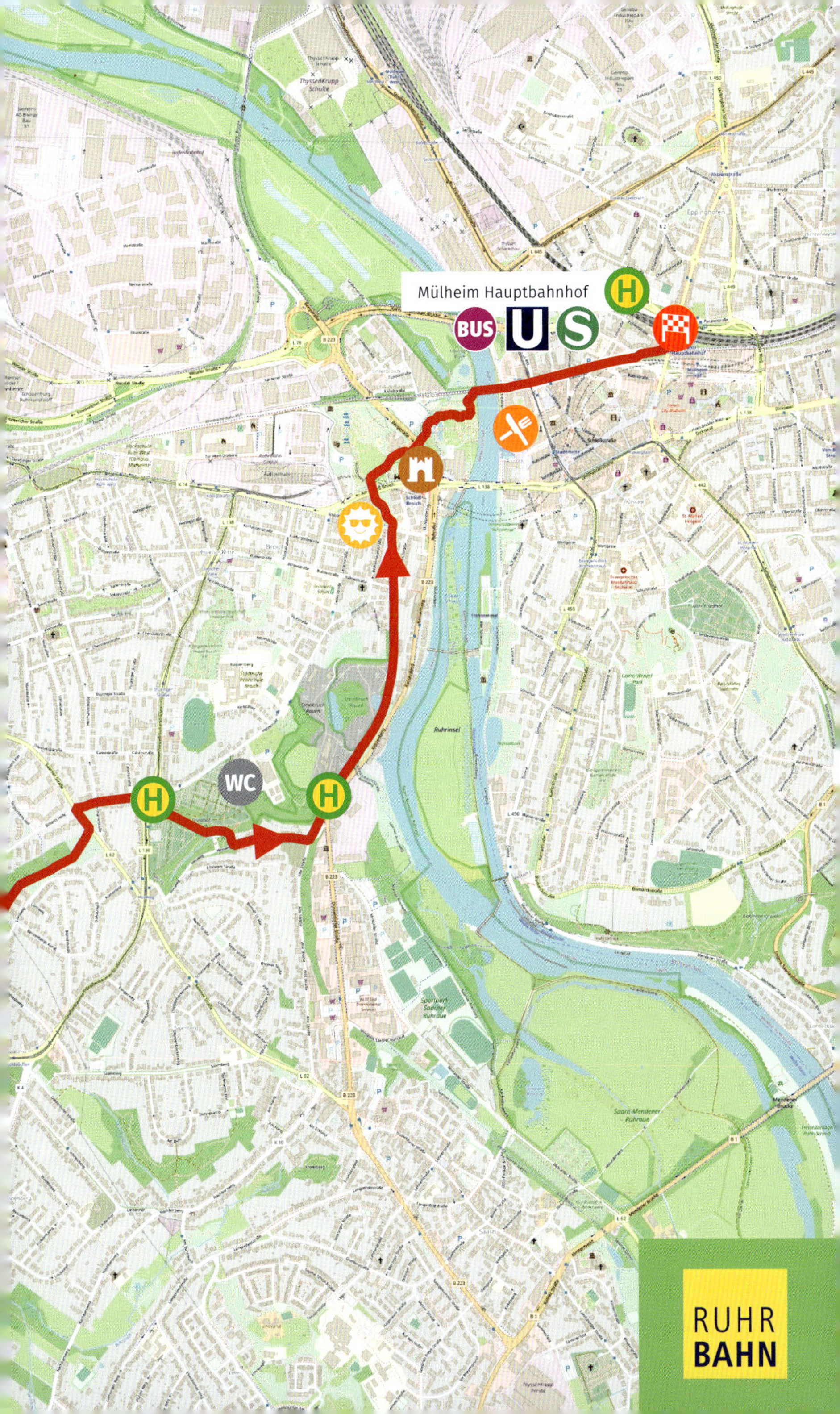

Mülheim Hauptbahnhof
BUS
U
S
H
WC
Ruhrinsel
RUHR
BAHN

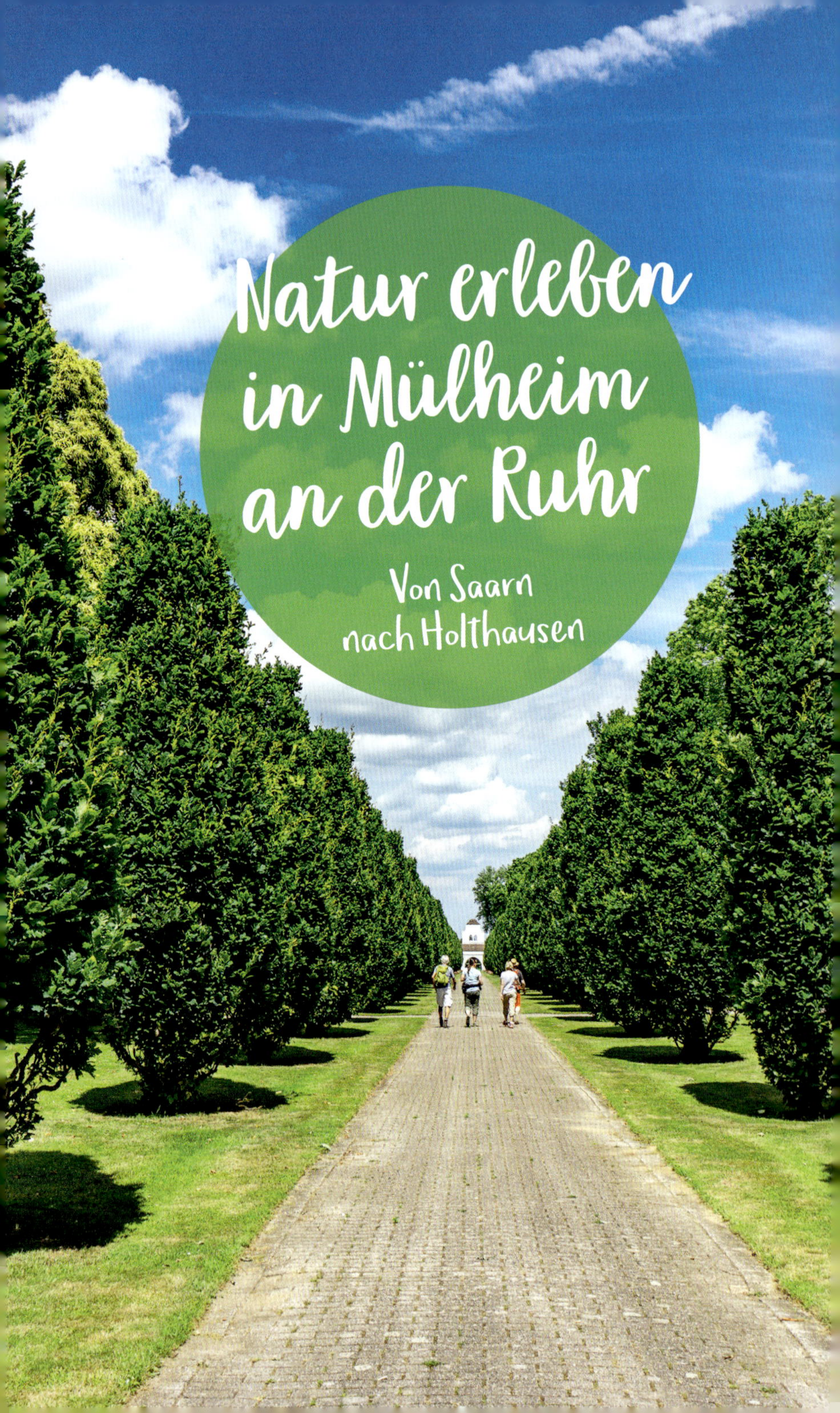
Natur erleben in Mülheim an der Ruhr
Von Saarn nach Holthausen

Vor allem drei Dinge kennzeichnen diese Wanderung: Natur, Grün und Ruhe. Wir wandern durch die Wälder im Mülheimer Süden und durchschreiten von den Höhen des Aubergs das Ruhrtal, um auf der gegenüberliegenden Seite kurz vor dem Ziel eine der schönsten Magistralen eines Friedhofs zu bestaunen.

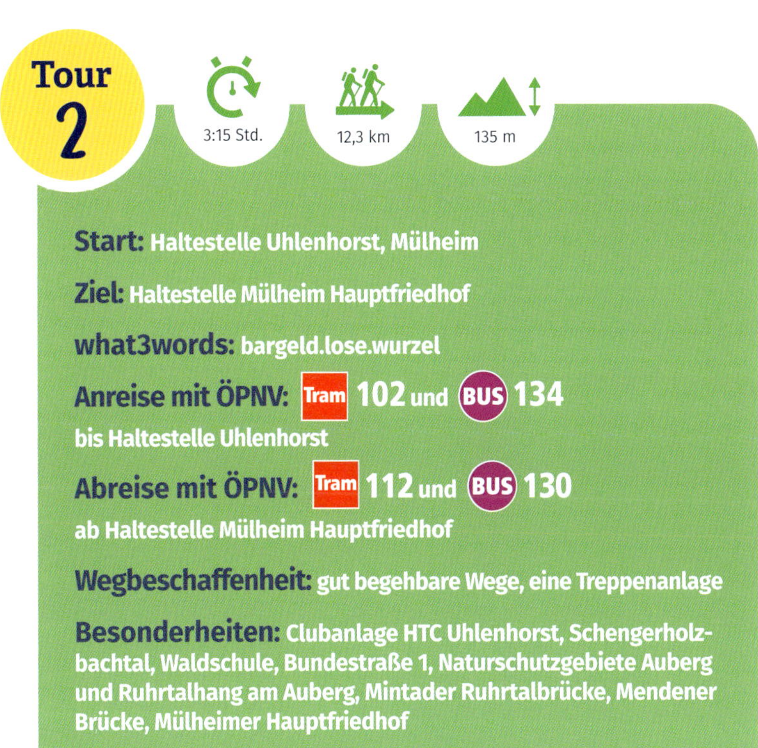

Wegbeschreibung: Wir starten die Tour an der Haltestelle Uhlenhorst in Mülheim und überqueren an der Ampelanlage die Straße. Auf der rechten Seite sehen wir die Anlage des Hockey- und Tennisclubs Uhlenhorst.

Am Weg

Hockey- und Tennisclub Uhlenhorst e. V.

Im Jahre 1920 gegründet, zählt der renommierte Verein derzeit rund 1200 Mitglieder. Die umfangreiche Clubanlage umfasst zwei Hockey-Kunstrasenplätze, eine Hockeyhalle, zwölf Tennisplätze und eine Tennishalle. Berühmt ist der Verein für die überaus erfolgreiche und bundesweit bekannte Hockeyabteilung. Die Herren sind deutscher Rekordmeister, bis zum Jahre 2024 haben sie 18 Titel gewonnen.

Nur wenige Meter neben der Ampelanlage führt direkt ein schmaler Weg in den Wald hinein, der uns nach wenigen Metern zu einer Kreuzung bringt. Wir wandern rund 350 Meter geradeaus auf der Straße Hammerstein, die bald in einen Waldweg übergeht, dem wir weitere 200 Meter folgen. Beim Übergang von der Straße zum Waldweg erfahren wir an einem Schild, dass wir uns fortan im Naturschutzgebiet Schengerholzbachtal befinden.

Am Weg

Schengerholzbachtal

Das Schengerholzbachtal ist seit 2005 Naturschutzgebiet und Teil des Broich-Speldorfer Waldes. Das Gebiet hat eine Größe von 35,7 Hektar und zeichnet sich insbesondere durch einen einzigartigen naturnahen Bachlauf aus. An einigen Stellen treten Bänke des Steinkohlegebirges zutage. Des Weiteren kommt dem Gebiet ein Alleinstellungsmerkmal zu, da hier einige in Nordrhein-Westfalen teils gefährdete waldbewohnende Tier- und Pflanzenarten vorkommen.

Wir wenden uns am Abzweig nach links in den Kuckucksweg, den wir in der ersten Kurve verlassen und dann dem Weg geradeaus folgen. Nach fast 600 Metern treffen wir auf die Großbaumstraße und biegen nach rechts auf den Wanderweg ab, der parallel zur Straße verläuft. Die Zeichen des Wanderwegs A5 oder des Pilgerwegs begleiten uns nun für eine kurze Strecke. Nach 600 Metern sehen wir auf der rechten Seite das Holzhaus der Kreisjägerschaft Mülheim mit ihrer Waldschule.

Am Weg

Die Waldschule

Die Waldschule der Kreisjägerschaft Mülheim e. V. dient seit 1995 als Probe-, Seminar- und Ausbildungsraum des staatlich anerkannten Trägers der freien Jugendhilfe. Ziel ist es, neben der Ausbildung der Jäger auch Kinder und Interessierte mit der Initiative „Lernort Natur" naturkundlich zu unterrichten.

Direkt an der Kreuzung der Waldschule verlassen wir den Weg nach links, überqueren die Straße und gehen auf den breiten Schotterweg mit Namen Markenstraße. Wir genießen für die kommen 800 Meter das entspannte Wandern auf dem lockeren Untergrund, gehen an der ersten Kreuzung weiter geradeaus und halten uns an der nächsten Einmündung links. Weitere 650 Meter und wir befinden uns nun im städtischen Teil der Markenstraße, die uns geradeaus auf die Kölner Straße bringt, der Bundesstraße 1.

Am Weg

Bundesstraße 1

Die Bundesstraße 1 erstreckt sich auf einer Länge von 778 Kilometern von der niederländischen Grenze bei Aachen im Westen bis ins Küstriner Vorland nahe der polnischen Grenze im Osten. Das Besondere an dieser Straße ist ihre Geschichte. Ihr Verlauf entspricht einer über 2000 Jahre alten historischen Handelsroute, die einst vom Hafen der Stadt Brügge in Flandern bis zur russischen Stadt Nowgorod führte. Wichtige Handelsgüter wie Salz und Ackerbauprodukte wurden über diese Straße transportiert. Im Ruhrgebiet wird dieser Teil der Handelsroute auch als Hellweg bezeichnet. Kennzeichnend für den Mülheimer Teil ist, dass der südliche Abschnitt der Bundestraße 1 als Hauptstraße des Caravanings gilt. Denn hier auf dem Teilstück sind mehr als 25 Händler mit dem Verkauf und der Vermietung von Caravans beschäftigt.

Wir wenden uns nach rechts und überqueren an einer Bushaltestelle die Bundesstraße 1, um gegenüber in die Straße Fahrkamp zu gehen. Der Straße folgen wir bis zu deren Ende in 250 Metern und biegen dann leicht rechts auf einen Fuß- und Radweg ab. Diesem folgen wir knapp 900 Meter, immer geradeaus vorbei an Bauernhöfen, bis wir auf ein großes Feld gelangen und schon das nächste Schild sehen, das uns über das Naturschutzgebiet Auberg informiert.

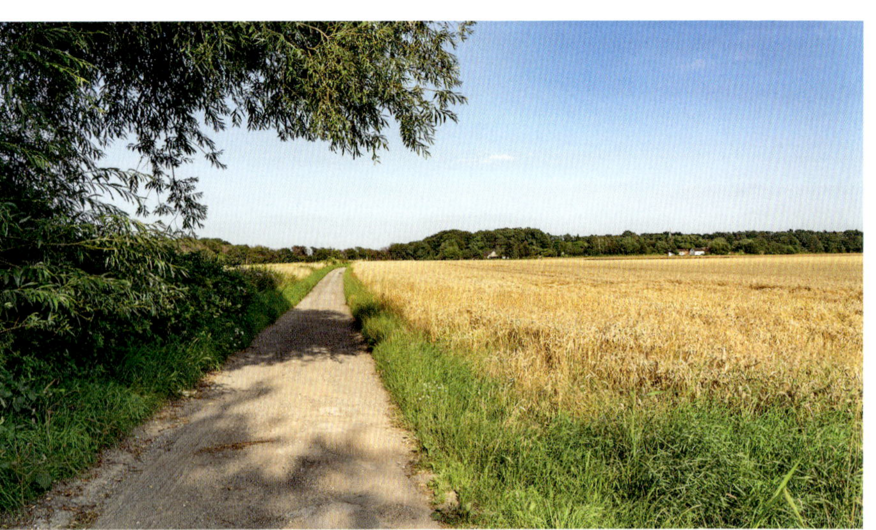

Weite Landschaft auf dem Auberg

Am Weg

Naturschutzgebiet Auberg

Bis zum Jahr 2003 war das heutige Naturschutzgebiet ein Standortübungsplatz der Bundeswehr. Mit dem Erwerb des Grundstücks 2008 durch den Regionalverband Ruhr und der damit verbundenen Nutzung als Naturschutz- und Erholungsgebiet, konnte die Grünfläche in ihrer Einmaligkeit erhalten werden. Der Auberg ist geprägt durch eine großflächige Wiesenlandschaft mit Wäldern und Gehölzreihen, Hecken und Obstwiesen, eine der letzten des westlichen und zentralen Ruhrgebiets. Bei dem nachfolgenden Naturschutzgebiet Ruhrtalhang am Auberg handelt es sich um ein 47,5 Hektar großes Waldgebiet, das sich über den Hang hin zur Ruhr erstreckt.

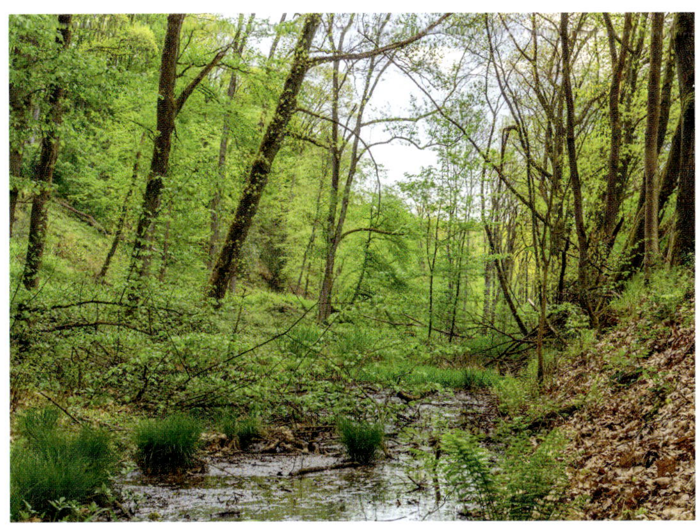

Wir wenden uns nach links, und nach 350 Meter an einer Gabelung bleiben wir für 400 Meter auf dem links abzweigenden Weg. Wenn linker Hand das Waldstück endet, biegen wir rechts ab. Auf dem nun folgenden Weg wandern wir leicht bergab für 450 Meter, bis wir am evangelischen Friedhof Am Auberg rauskommen. Wir lassen den Friedhof rechts liegen, gehen für wenige Meter auf der Straße und an dem Schild „Ruhrtalhang am Auberg" biegen wir rechts auf einen Wanderweg ab. Wir folgen dem Weg, der uns zunächst entlang des Friedhofs führt, für 500 Meter bergab. An den folgenden Abzweigungen halten wir uns immer links, bis wir schließlich zwischen zwei Feldern auf einem befestigten Weg Richtung Ruhr laufen. Nach knapp 100 Metern gelangen wir auf den Fuß- und Radweg Ruhrauenweg und gehen nach links in Richtung Mendener Brücke. Vorher sehen wir rechts die imposante Ruhrtalbrücke.

Am Weg

Mintarder Ruhrtalbrücke

Die Brücke wurde in den Jahren 1963 bis 1966 für 20 Millionen DM erbaut und ist mit 1830 Metern Deutschlands längste Straßenbrücke aus Stahl. An der höchsten Stelle misst sie 65 Meter über Grund und ruht auf 18 Hohlpfeilern. Die Brücke überquert das Ruhrtal über dem Mülheimer Stadtteil Mintard. Traurige Berühmtheit erlangte das Bauwerk durch eine Vielzahl von Suizidversuchen und die Entführung einer vermeintlichen Tochter eines Industriellen. Das Kind wurde durch glückliche Umstände entdeckt und die Täter konnten schließlich verhaftet und verurteilt werden. Seit die Brücke in den 1980er-Jahren mit einem hohen Zaun versehen wurde, sind die Suizidversuche merklich zurückgegangen. Das filigrane Bauwerk kann aber nicht mehr allzu lange bewundert werden. 2019 kündigte Straßen NRW einen Neubau der Brücke an. Es soll eine Konstruktion mit sechs Fahrspuren das Ruhrtal überqueren und die alte Brücke ersetzen. Neueren Planungen zufolge soll sogar ein Radweg integriert werden. Die voraussichtlichen Kosten für den Bau werden auf 233 Millionen Euro veranschlagt und eine Fertigstellung wird nach 2030 erfolgen.

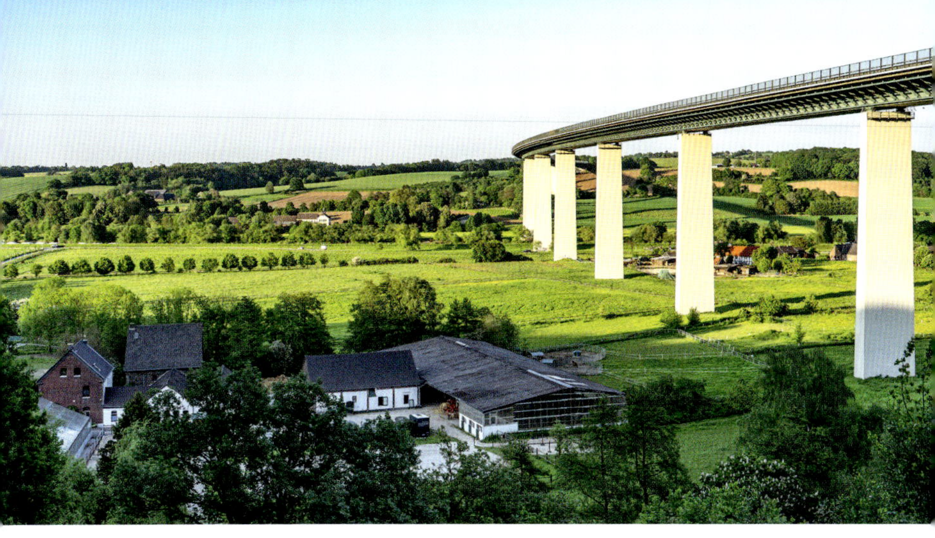

Eine echte Landmarke, die Ruhrtalbrücke bei Mintard

Wir bleiben auf dem Ruhrauenweg für 1,3 Kilometer, an der zweiten Straße biegen wir links ab und folgend dem Weg, der uns zur Mendener Brücke führt. Auf der Brücke angekommen gehen wir nach rechts bis zur Ampelanlage und überqueren die Straße.

Am Weg

Mendener Brücke

Die Stahlbetonbrücke ist die erste Ruhrbrücke auf Mülheimer Stadtgebiet, die eine Querung von Fußgängern, Radfahrern und Autoverkehr zulässt. Das zwischen 1928 und 1930 im Auftrag des Siedlungsverbands Ruhrkohlebezirk (der Vorgängerinstitution des heutigen Regionalverbands Ruhr) errichtete Bauwerk hielt nur bis zum 10. April 1945, dann wurde sie vom „Volkssturm" gesprengt. Der Wiederaufbau erfolgte 1949, eine Verbreiterung folgte in den 1960er-Jahren. Die 403,74 Meter lange Brücke besteht aus zwölf Bögen, die zwischen 22,5 und 40,75 Metern bemessen. Die Brücke ersetzt übrigens eine schon aus dem Mittelalter bekannte Überquerung. Bereits im 15. Jahrhundert existierte an dieser Stelle eine Fähre, die im Volksmund „Hahnenfähre" genannt wurde.

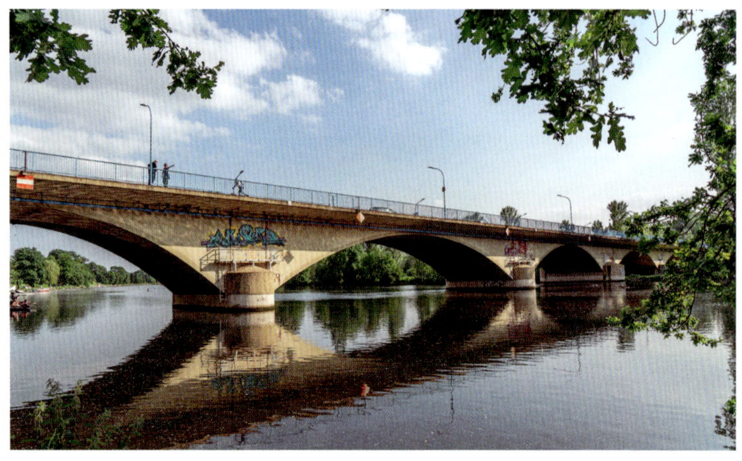

Die Mendener Brücke verbindet Menden und Saarn.

Nach der Ampel gehen wir für 150 Meter geradeaus leicht ansteigend am Fachwerkhaus vorbei und biegen dann rechts in den Waldweg ein, der uns in den Witthausbusch bringt. Kurz nachdem wir den Hauptweg erreicht haben, nehmen wir am ersten Abzweig den rechten Weg, der uns nach 400 Metern hinauf auf die Mendener Höhen bringt. Wir halten uns dabei immer rechts. Oben angekommen folgen wir wieder an einem Abzweig dem rechten Weg, um dann nach 50 Metern links an einem Feld entlangzulaufen. Dem zweiten Abzweig folgen wir nach links und kommen in einen Park zu einem Spielplatz, der sehr schön in die Landschaft modelliert ist. Ein kleines Auenland für die Kinder. Wir wandern nun nach rechts, lassen den Spielplatz linker Hand liegen und folgen dem Weg, bis wir auf die Straße Steinknappen treffen. Wir überqueren die Straße, gehen nach links und direkt wieder rechts in die Straße Erbecksfeld. An deren Ende treffen wir auf den Philosophenweg, einen Rad- und Fußweg, dem wir nach rechts folgen. Nach knapp 175 Metern sehen wir rechts ein Tor, das uns über einen Seiteneingang auf den Hauptfriedhof Mülheim bringt. Wir betreten den Friedhof und sehen direkt die kleine Trauerhalle. Hier befindet sich auch eine öffentliche Toilettenanlagen.

Wir gehen an der Trauerhalle vorbei, überqueren den Philosophenweg über eine Brücke und halten uns leicht rechts, um dann am ersten Abzweig nach links zu gehen. Wir wandern weiter geradeaus leicht ansteigend und kommen über eine kleine Treppenanlage zum

Ende einer Eichenallee. Die nun folgenden 350 Meter entlang der Allee sind ein reines Wandervergnügen. Wir durchqueren am Ende schließlich das Hauptgebäude im Eingangsbereich und finden vor uns beziehungsweise auf der rechten Seite die Haltestellen, mit denen wir per Bus oder Tram den Rückweg antreten können. Übrigens auch im Haupteingangsbereich befinden sich öffentlich Toiletten.

Am Weg

Mülheimer Hauptfriedhof

Der 1916 auf einem ehemaligen Exerzierplatz eröffnete Friedhof zählt mit 45 Hektar zu den größeren Begräbnisstätten des Ruhrgebiets und wurde mehrmals erweitert. Das Hauptgebäude steht seit 1988 unter Denkmalschutz. Besonderheiten des Friedhofs sind zum einen ein Grabfeld für muslimische Bürger und zum anderen eine 350 Meter lange Magistrale, die sogenannte Eichenallee, die wir auch durchwandern. Dort sind die Säuleneichen so in Form geschnitten, dass sie mit Zypressen verwechselt werden könnten und wir das Gefühl haben, in der Toskana zu sein. Diese Wegstrecke ist imposant und schnell stellt sich das Gefühl der Demut bei der Durchwanderung der Magistralen ein, wahrlich angemessen für diesen Ort.

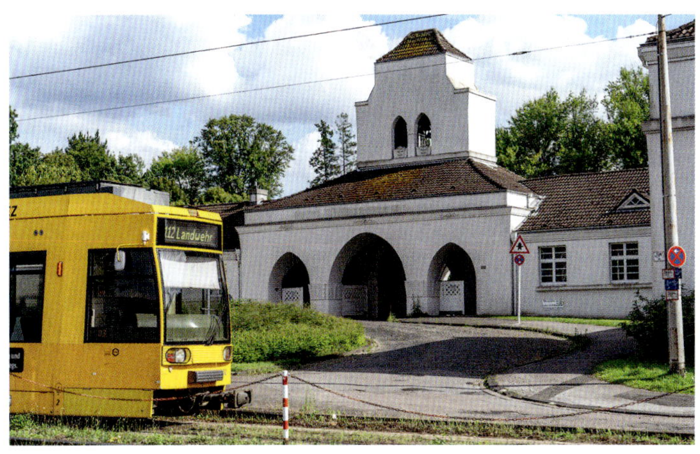

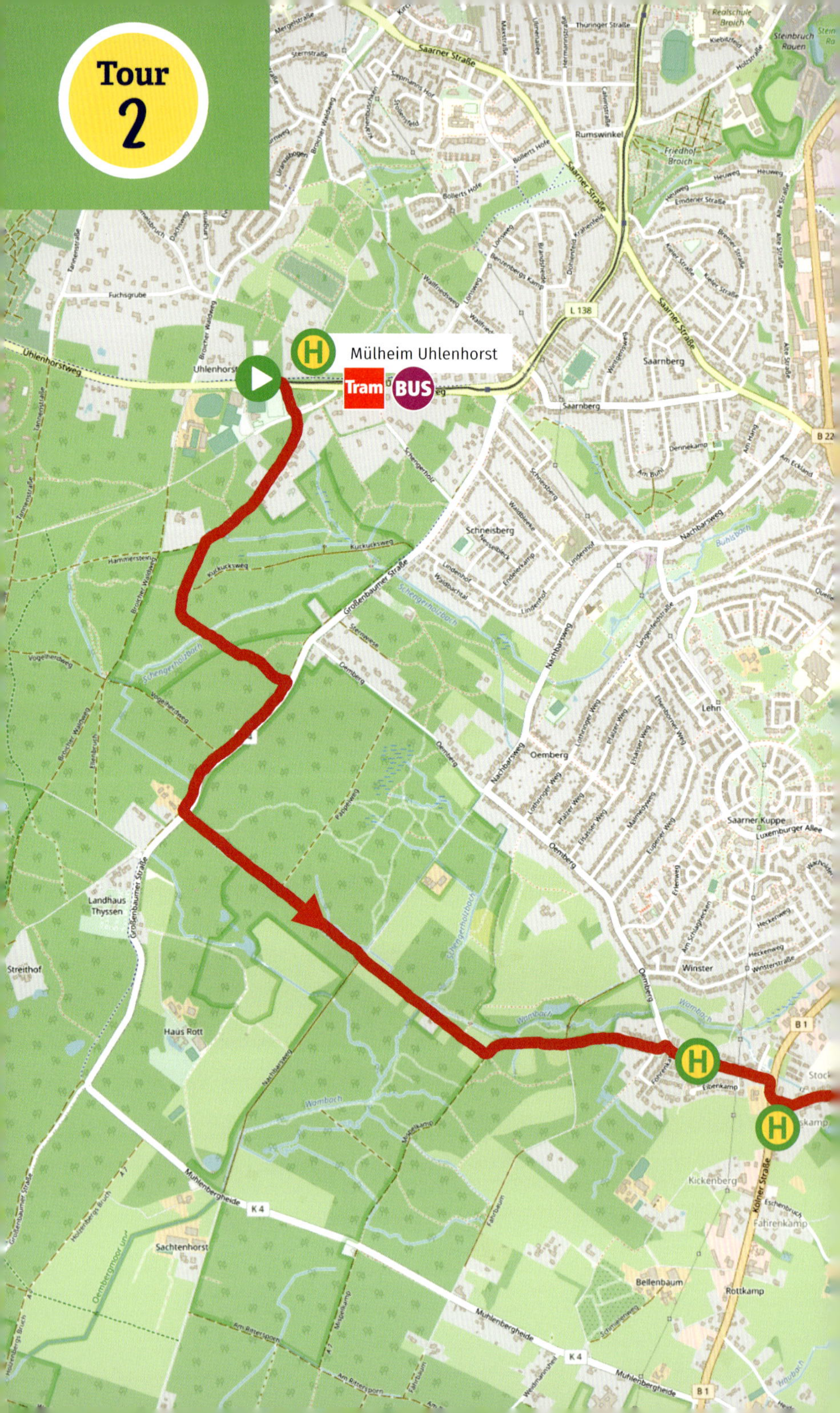
Tour
2
Mülheim Uhlenhorst
Tram
BUS
Uhlenhorstweg
Uhlenhorst
Saarner Straße
Rumswinkel
Saarnberg
Schneisberg
Großenbaumer Straße
Oemberg
Nachbarsweg
Lehn
Saarner Kuppe
Winster
Landhaus Thyssen
Streithof
Haus Rott
Sachtenhorst
Mühlenbergheide
Kickenberg
Kölner Straße
Bellenbaum
Rottkamp
Wambach
Schengerholzbach
Kuckucksweg
Fuchsgrube
L 138
K 4
B 1

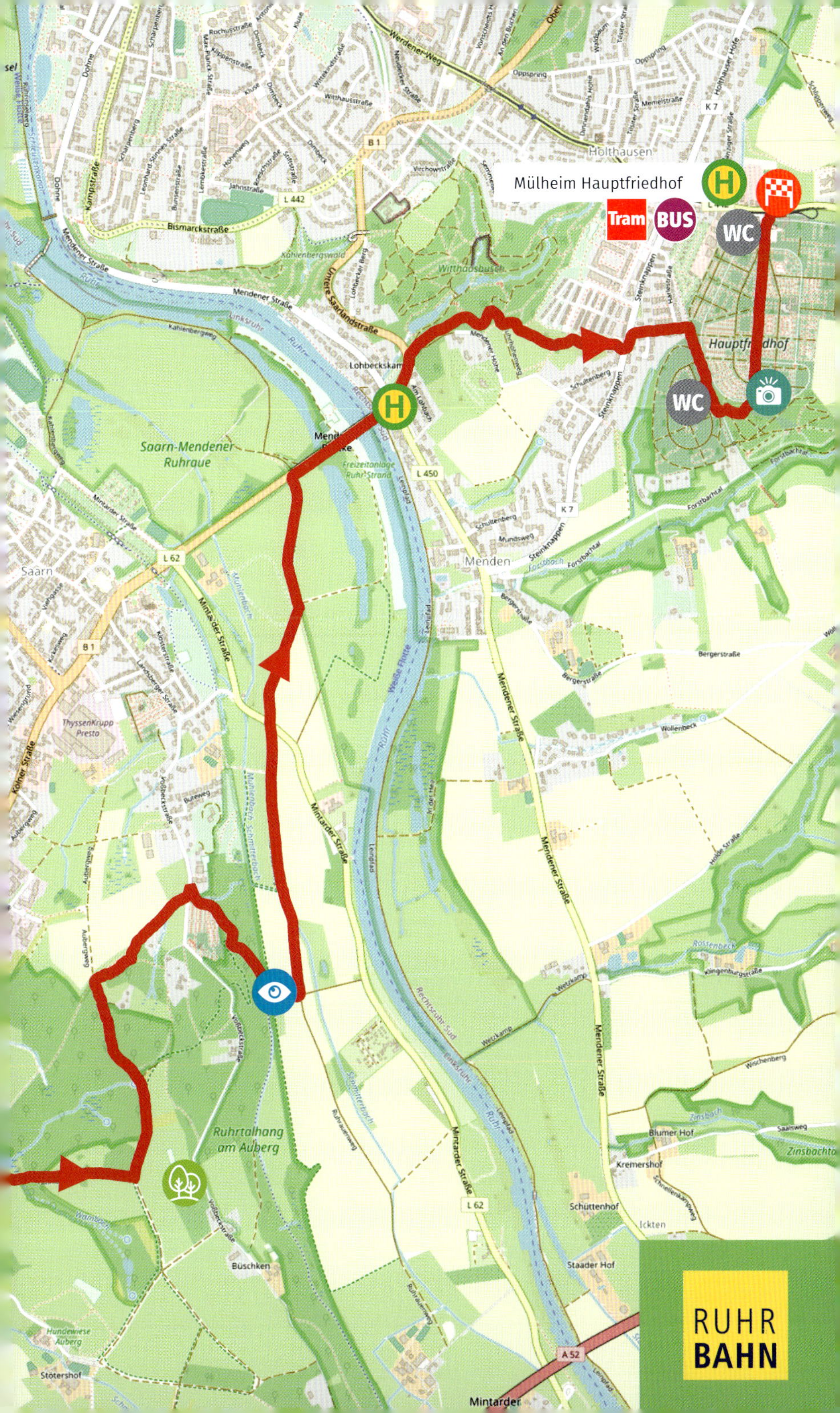

Mülheim Hauptfriedhof
Tram
BUS
WC
Hauptfriedhof
WC
Holthausen
Witthausbusch
Kahlenbergswald
Saarn-Mendener Ruhraue
Freizeitanlage Ruhr Strand
Menden
Saarn
ThyssenKrupp Presta
Ruhrtalhang am Auberg
Büschken
Hundewiese Auberg
Stötershof
Blumer Hof
Kremershof
Schüttenhof
Staader Hof
Ickten
Mintard
RUHR BAHN

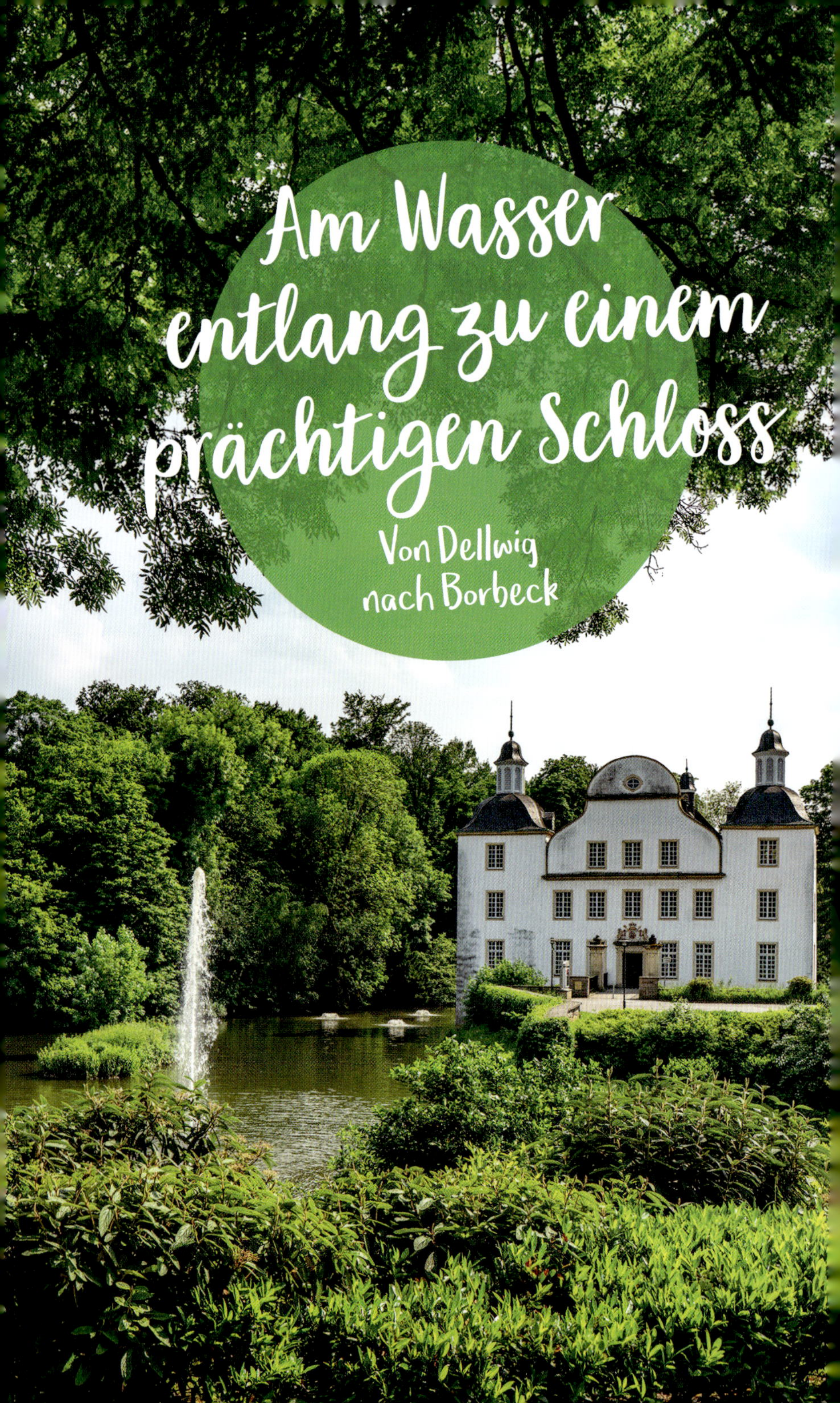
Am Wasser entlang zu einem prächtigen Schloss
Von Dellwig nach Borbeck

Mit der Tour von Dellwig nach Borbeck erwandern wir den Nordwesten von Essen mit einem kleinen Ausflug nach Oberhausen. Der Rhein-Herne-Kanal prägt über weite Strecken unsere Wanderung, und obwohl uns die Route durch die dichtbesiedelten Stadtteile von Gerschede und Borbeck führt, ermöglichen uns Pfade durchs Grüne wie im Pausmühlenbachtal ein unbeschwertes Vergnügen. Schließlich erreichen wir mit dem Schlosspark Borbeck unser Ziel und gleichzeitig einen Höhepunkt dieser Tour.

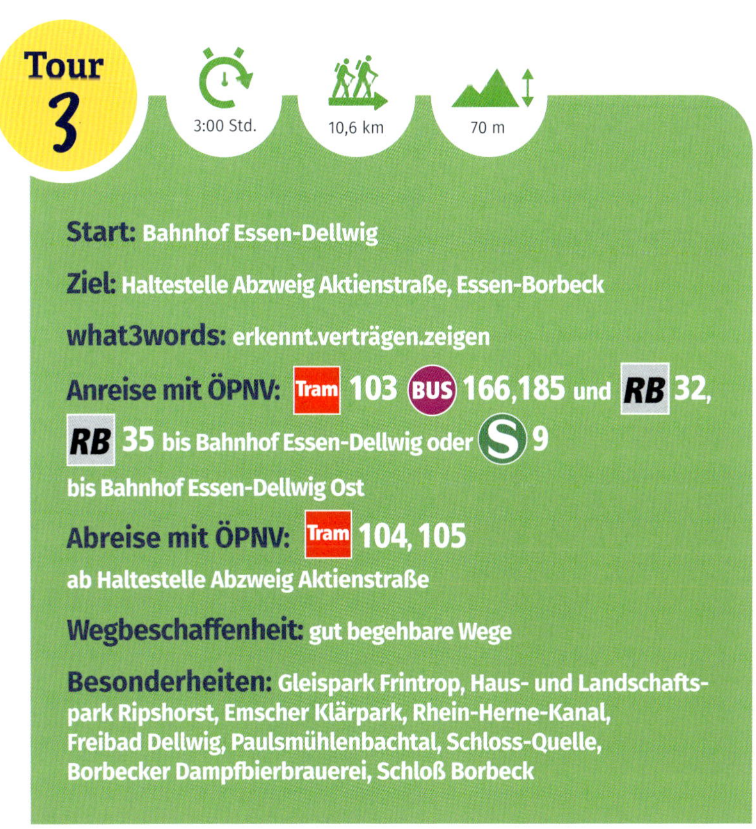

Wegbeschreibung: Wir beginnen die Tour vis-à-vis des Bahnhofs Dellwig auf dem gegenüberliegenden Bürgersteig. Wer mit der S 9 anreist, muss die kurze Strecke von Bahnhof Dellwig Ost zum Dellwig Bahnhof laufen, es sind aber keine 300 Meter. Wir folgen der Dellwiger Straße nach links in westliche Richtung für 550 Meter, bis wir an eine Ampel kommen. Hier überqueren wir die Straße und gehen durch eine Unterführung zum Gleispark Frintrop. Auf der anderen Seite der Unterführung folgen wir dem zweiten Weg nach links und können uns an einer Tafel über den Gleispark informieren.

Am Weg

Gleispark Frintrop

Früher traten von hier aus die aus den benachbarten Zechen zusammengestellten Erz- und Kohlewaggons ihre Reise in die Welt an, heute ist der ehemalige Sammelbahnhof einer der Hotspots für Biodiversität im Ruhrgebiet. Die aus allen Kontinenten mit den Waggons eingeschleppten Samen und Sporen, haben sich hier angesiedelt und im Laufe der Jahrzehnte hat sich eine einzigartige Naturlandschaft entwickelt: eine Neubesiedlung der Fauna und Flora durch Neophyten beziehungsweise Neozonen, und das ohne Menschenhand. Auf dem 25 Hektar großen Gelände der Gleisanlage konnten 251 Pflanzenarten dokumentiert werden, einige stehen sogar auf der Roten Liste. Auch seltene Tiere haben hier eine neue Heimat gefunden wie zum Beispiel die Kreuzkröte, eine besonders gefährdete Krötenart. Verschiedene Aussichtspunkte laden immer wieder dazu ein, sich einen Überblick über die „neue“ Natur zu verschaffen.

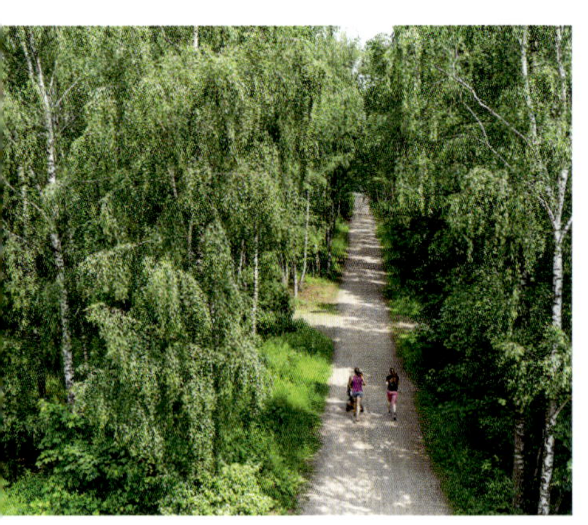

Wir folgen dem Weg für 800 Meter und biegen kurz vor einer Unterführung links ab, um mittels einer Treppenanlage auf die Brücke zu gelangen. Unterwegs sehen wir im Gleispark einen eingezäunten Bereich für Kreuzkröten sowie eine Aussichtsplattform, und neben bewaldeten Flächen können wir auch eine von Gräsern gesäumte Fläche erblicken. Auf der Brücke gehen wir nach rechts und an deren Ende überqueren wir die Ripshorster Straße, um dann direkt den Weg ins Tal hinabzusteigen. Nach wenigen Metern treffen wir auf die Sühlstraße und folgen dem gegenüberliegenden Weg im Scheitelpunkt der Kurve, der uns in den Landschaftspark Haus Ripshorst führt.

Am Weg

Landschaftspark Haus Ripshorst

Das heutige Haus Ripshorst wird unter anderem als Informationszentrum des Regionalverbands Ruhr (RVR) für den Emscher Landschaftspark genutzt und ist ein Überbleibsel eines Rittersitzes aus dem 14. Jahrhundert. Der Emscher Landschaftspark entstand im Rahmen der Internationalen Bauausstellung Emscher Park (IBA) und vereint eine Fläche von 450 Quadratkilometern im nördlichen Ruhrgebiet. Durch den Umbau der Emscher zu einem renaturierten Fluss wurde eine grüne Mitte geplant, mit vorindustriellen Kulturlandschaften und regionalen Grünzügen. Die Geschichte dieser vorbildlichen Grünplanung wird im Haus Ripshorst multimedial erlebbar. Zusätzlich sind im Landschaftspark Ripshorst ein Bauerngarten und ein Lehrbienenstand zu besichtigen. Auch findet sich im Park der Gehölzgarten Ripshorst, „Vom Urwald zum Kulturwald“, auf dem ein botanischer Streifzug durch die Erdgeschichte von der Wiederbewaldung nach der Eiszeit bis hin zur Züchtung von Kulturhölzern durch den Menschen erwandert werden kann. Der Gehölzgarten ist nach den Plänen der Landschaftsarchitekten Lohaus und Dieckmann entstanden.
Infos zu Führungen und Veranstaltungen: RVR-Besucherzentrum, Ripshorster Straße 306, 46117 Oberhausen, Tel. 0208/8833-483

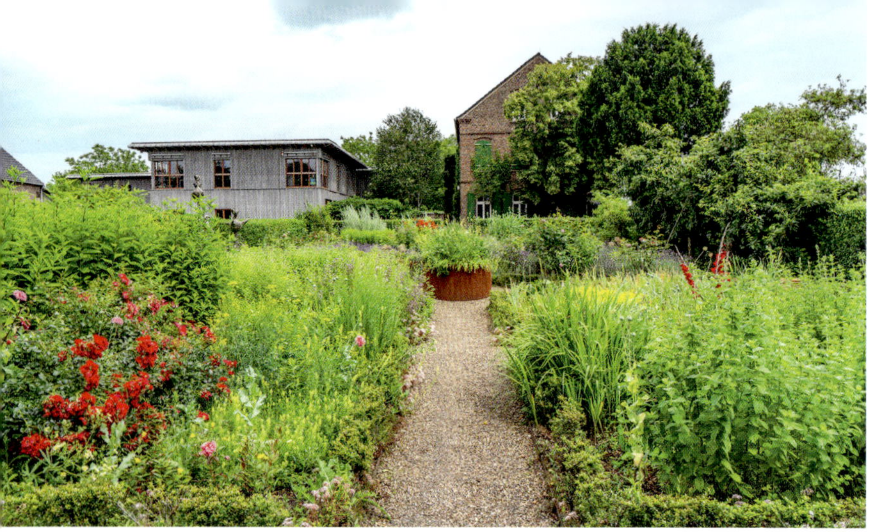

Der Bauerngarten am Haus Ripshorst

Wir erwandern nur den östlichen Rand des Landschaftsparks. Nach 250 Metern biegen wir links in einen Weg ein, der uns vorbei an Obstbäumen im Zickzackkurs in nördliche Richtung bringt. An einer großen Wegkreuzung, links geht es auf die weiten Flächen in Richtung Haus Ripshorst, geradeaus zum Rhein-Herne-Kanal, biegen wir rechts ab und betreten das Gelände des Emscher Klärparks.

Am Weg

Emscher Klärpark

Die ehemalige Kläranlage „Läppkes Mühlenbach" ist seit 2003 ein Symbol der Emscher Renaturierung und wurde von der Emschergenossenschaft zum Emscher Klärpark umgebaut. Ursprünglich wurde hier von 1958 bis 1996 der Läppkes Mühlenbach gereinigt, der die Abwässer von 68.000 Menschen aus den Essener Stadtteilen Frintrop und Borbeck sowie der Stadt Oberhausen führte. Heute ist aus dem Klärbecken mit einem Durchmesser von 40 Metern ein Seerosenteich geworden. Der Faulturm kann begangen werden und von dort haben wir einen großartigen Ausblick, insbesondere auf die Neue Mitte Oberhausen. Der Faulturm bietet innen auch die Möglichkeit, die Klanginstallation von Andreas Titz zu hören.

Wir verlassen den Klärpark rechts in Richtung Osten und gehen links über die Einbleckstraße hinab zum Rhein-Herne-Kanal. Wir bleiben für zwei Kilometer auf dem Kanalweg, an der zweiten Brücke liegt rechts von unserem Weg nicht einsehbar das Freibad Dellwig.

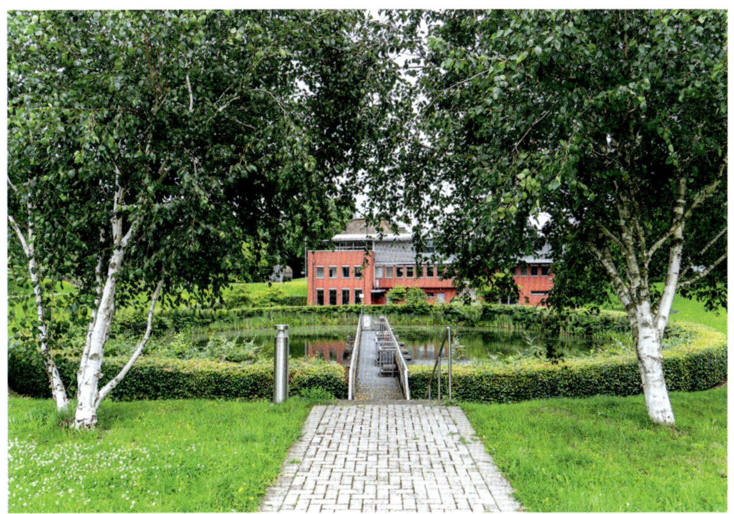

Der Emscher Klärpark

Am Weg

Rhein-Herne-Kanal

Der Rhein-Herne-Kanal wurde von 1906 bis 1914 gebaut und verbindet den Duisburger Hafen mit dem Dortmund-Ems-Kanal bei Henrichenburg. Auf 45,4 Kilometern überwindet der Kanal mit fünf Schleusen – Duisburg-Meiderich, Oberhausen, Gelsenkirchen, Wanne-Eickel und Herne-Ost – insgesamt 36 Meter Höhe. Als einzige deutsche West-Ost-Wasserstraße werden durch den Kanal die wichtigen schiffbaren Flüsse Weser, Elbe und Oder erreicht und die Seehäfen an der Nord- und Ostsee mit dem Ruhrgebiet und der Rheinschiene verbunden.

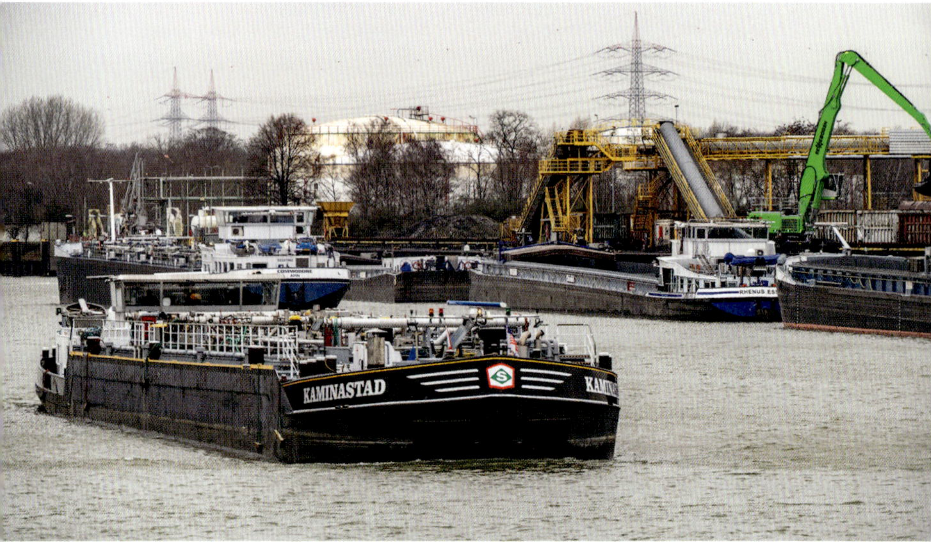

Der Hafen Bottrop am Rhein-Herne-Kanal gegenüber dem Essener Stadthafen

Am Weg

Freibad Dellwig

Das Freibad Dellwig wird im Volksmund nur „Hesse" genannt und ist seit 1985 an den Sportverein Rasen- und Wassersport 1925 Essen-Dellwig e. V., kurz RuWa, verpachtet. Das Freibad bietet Platz für 3000 Badegäste.

www.ruwa-dellwig.de

Wir verlassen den Uferweg an der dritten Brücke und folgen geradeaus dem Weg, bis wir auf die Levinstraße stoßen. An der kommenden Kreuzung, nur 50 Meter entfernt, folgen wir auf der gegenüberliegenden linken Straßenseite dem Fuß- und Radweg, der uns durch ein kleines Waldstück auf die Haus-Horl-Straße bringt. Unterwegs treffen wir auf einige Bänke, die zur Rast einladen. Auf der Haus-Horl-Straße gehen wir nach links und betreten keine 60 Meter rechts den katholischen Friedhof Haus-Horl-Straße. Nach 150 Metern beziehungsweise an der zweiten Möglichkeit biegen wir rechts auf einen breiten Weg ab, verlassen den Friedhof am Südzugang und kommen in das Pausmühlenbachtal. Wir bleiben auf dem breiten Schotterweg, und an der ersten Möglichkeit nach 150 Meter gehen wir links und bleiben auf dem Weg für die kommenden 300 Meter.

Am Weg

Pausmühlenbach

Der Pausmühlenbach ist circa zwei Kilometer lang. Er entspringt in Borbeck und mündet in Gerschede in die Berne, einem Zufluss der Emscher. Im Zuge der Emscher-Renaturierung wurde der Bach bereits 2020 abwasserfrei und seit 2023 ökologisch aufgewertet. Dazu wurde ein Regenrückhaltebecken nahe des Friedhofs Haus-Horl-Straße gebaut und im Umfeld des Flusses wurden Wege neu angelegt und Auenflächen geschaffen. Das Pausmühlenbachtal ist durch die Renaturierungsmaßnahmen ein reizvolles Naherholungsgebiet für die Anwohnenden geworden.

Wir erreichen wiederum die Levinstraße und folgen rechts dem Straßenverlauf immer geradeaus, auch wenn sich die Straßennamen ändern: zunächst Gerscheder Weiden, dann Weidenstraße. Nach circa 600 Metern kommen wir auf die Donnerstraße. Wir überqueren diese und folgen dem Bürgersteig für 300 Meter nach links. Wir biegen scharf rechts ab und unterqueren die S-Bahnlinie, um keine zehn Meter nach der Brücke links in einen Fuß- und Radweg einzubiegen, der uns entlang der Bahnstrecke führt. Nach der Hülsmannstraße knickt der Weg leicht nach rechts ab und nach weiteren 300 Metern kommen wir zur Straße Düppenberg.

Wir überqueren die Straße und gehen links auf dem Bürgersteig bis zur nächsten Kreuzung. Dort sehen wir vor uns das Gelände der Schloss-Quelle Mellis GmbH.

Am Weg

Schloss-Quelle Mellis

In der vierten Generation verarbeitet der Betrieb der Familie Mellis das Mineralwasser der Schloss-Quelle. Dabei liegt die Quelle im Gebiet des Schlossparks in Essen und führte so zu dem Namen. Das Wasser ist ein anerkanntes Mineralwasser, insbesondere für die Zubereitung von Säuglingsnahrung geeignet. Der Mineralbrunnen ist die einzige Quelle auf Essener Stadtgebiet und das daraus gewonnene Mineralwasser wird hier vor Ort auch abgefüllt. Der Brunnen hier in Borbeck zählt mit 170 Millionen Füllungen pro Jahr zu den Top 25 Mineralbrunnen Deutschlands. Zu den Eigenmarken der Mellis-Gruppe gehören Schloss Quelle, Kastell, Raffelberger und Ursteiner.

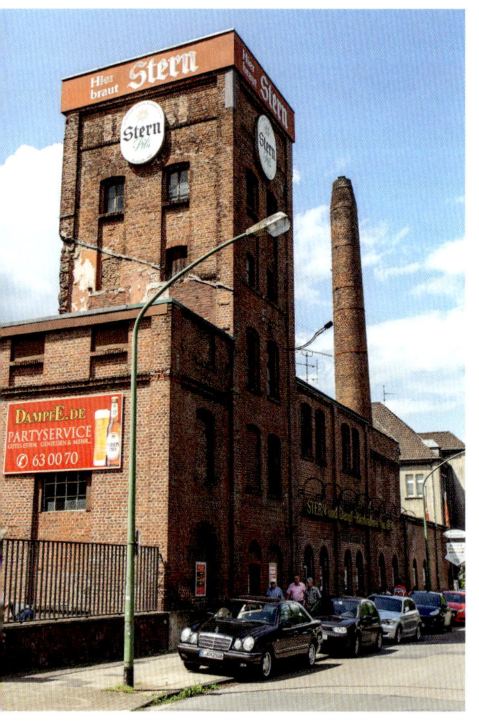

Wir überqueren die Straße und gehen geradeaus am Zaun des Betriebs der Schloss-Quelle entlang und umrunden den Komplex, bis wir nach fast 400 Metern auf die Straße Möllhoven treffen. Wir wandern geradeaus auf dem Bürgersteig, der in die Heinrich-Brauns-Straße übergeht, und nach 100 Metern treffen wir auf der rechten Seite auf ein Stück Essener Gastronomiegeschichte, die Dampfbierbrauerei Essen-Borbeck oder kurz „Dampfe" genannt. Natürlich lohnt es sich hier, für eine kurze Rast einzukehren.

Dampfbierbrauerei
in Essen-Borbeck

Am Weg

Dampfbierbrauerei Essen-Borbeck

Seit 1896 wird an dieser Stelle Bier gebraut zunächst unter dem Namen Schloßbrauerei Marx & Co, später dann als Rheinisch-Westfälische Brauerei Aktiengesellschaft. Ab dem Jahr 1982 erfolgte die behutsame Renovierung der Anlage, die alten Sudwerke wurden instandgesetzt und eine moderne Gastronomie im ehemaligen Lagerkeller eingebaut. Ein Biergarten und eine Bierhalle gesellten sich 1984 dazu. Heute ist die „Dampfe" ein Kulturort des Bieres auf 4500 Quadratmetern mit vielen Veranstaltungen, saisonalem Bier, einem Restaurant und einem Festsaal, in dem auch privat gefeiert werden kann. Natürlich gibt es auch Führungen rund um das Thema Bier. www.dampfe.de

Wir bleiben auf der Straße, gehen auf dem Bürgersteig und kommen zu einer Ampelanlage vor dem Bahnhof Essen-Borbeck. Wir überqueren an der zweiten Ampel die breite, mehrspurige Straße und gehen direkt rechts entlang der Fürstäbtissinenstraße weiter. Bald geht es links in die Residenzaue, und nach 150 Metern biegt linke

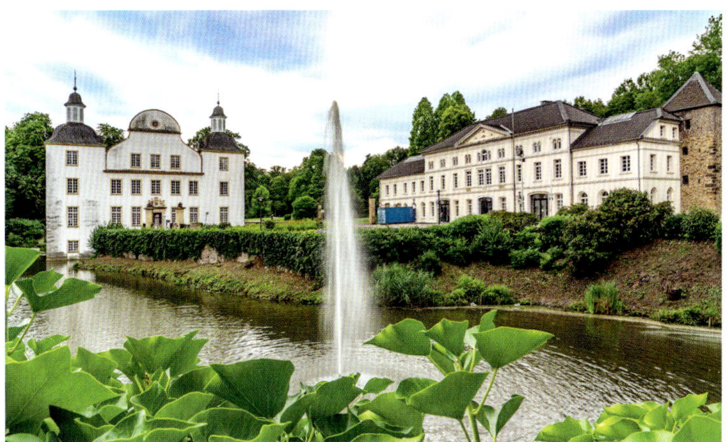

Schloss Borbeck mit Wirtschaftsgebäude

Hand ein breiter Schotterweg ab, dem wir für 20 Meter folgen und dann nach rechts abbiegen. Immer geradeaus wandernd erreichen wir nach 300 Metern die Schlossstraße, wo wir Schloss Borbeck schon sehen können. Wir überqueren die Straße und stehen auf dem Schlossplatz.

Am Weg

Schloss Borbeck

Der im 18. Jahrhundert als englisch-chinesischer Landschaftsgarten geplante und errichtete Park gilt als eine der ältesten Parkanlagen des Rheinlands und umfasst in seiner heutigen Form circa 42 Hektar. Schloss Borbeck, ein barockes Wasserschloss, diente zunächst den Essener Fürstäbtissinnen als Residenz, 1826 gelangte die Anlage nebst Park in den Besitz des Freiherrn von Fürstenberg, dessen Familie schließlich 1941 die Anlage an die Stadt Essen verkaufte. Allein die Geschichte des Schlosses, die unterschiedlichen baulichen Zustände des Parks, die verschiedenen Nutzungen und die Erkundung aller Wege könnte eine eigenständige Wanderung sein. Übrigens verweist der Name von Schloss und Park auf das hier entspringende Fließgewässer Borbecke, das unter anderem die Schlossteiche speist und später nach 1,4 Kilometern in den Pausmühlenbach mündet.

Bis 1920 durfte die Essener Bevölkerung den Park nicht betreten, da es bis dato nur dem Adel beziehungsweise den Äbtissinnen vorbehalten war. Auch musste in den ersten zwei Jahren nach Öffnung des Parks ein Eintritt von 50 Pfennig pro Person bezahlt werden, sodass sich eher das Bürgertum dieses Vergnügen leisten konnte. Das Schloss beherbergt heute ein Trauzimmer, Gastronomie, Räume der Folkwang Musikschule und der städtischen Volkshochschule sowie eine Dauerausstellung zur fast 1000-jährigen Geschichte des Essener Frauenstifts. Weitere Räumlichkeiten werden als Kultur und Begegnungsstätten unter anderem für Konzerte genutzt.

Für diejenigen, die sich noch kurz vor dem Abschluss der Tour stärken wollen, gibt es nun zwei Möglichkeiten: Im rechten Wirtschaftsgebäude des Schlosses ist das „Le Pétit Café am Schloß Borbeck" beheimatet, hinter dem Schloss links des Wegs der Biergarten „Zum lustigen Vogel".

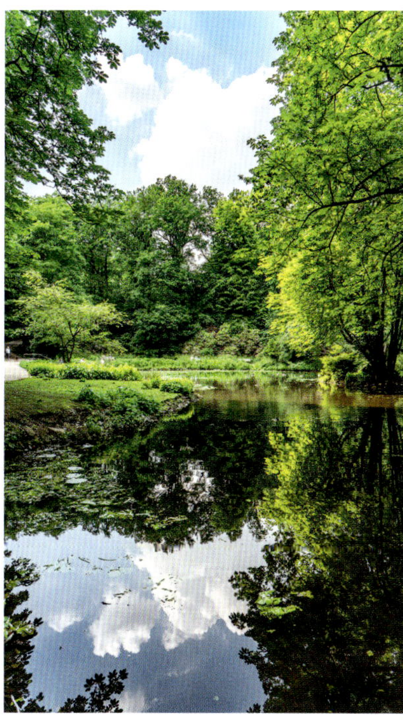

Großer Teich im Schlosspark

Wir gehen über den Schlossplatz zwischen den Gebäuden in den Schlossgarten und bleiben auf dem breiten Weg, der in einer langgezogenen Kurve um eine Wiese herumführt. An der zweiten Wegekreuzung biegen wir nach rechts und wandern den geradeaus leicht ansteigenden Weg hinauf auf das Plateau des Schlossparks, bis wir auf eine öffentliche Sportanlage treffen. Hier gibt es einen Bolzplatz, eine Skateranlage und ein Basketballcourt sowie einen Spielplatz. Wer noch überschüssige Energie hat, kann sich hier sportlich betätigen. Wir biegen aber vor dem Bolzplatz links ab und erreichen die mehrspurige Frintroper Straße. Jetzt müssen wir nur noch nach links bis zur Ampel gehen und dann erreichen wir unser Ziel, die Haltestelle Abzweig Aktienstraße.

Gastronomie:

Dampfe – Das Borbecker Brauhaus
Heinrich-Brauns-Straße 9–15
45355 Essen
Tel. 0201/630070
www.dampfe.de

Le Pétit Café am Schloß Borbeck
Schlossplatz 1
45355 Essen

Biergarten im Schlosspark „Zum lustigen Vogel"
Schlossstraße 101
45355 Essen

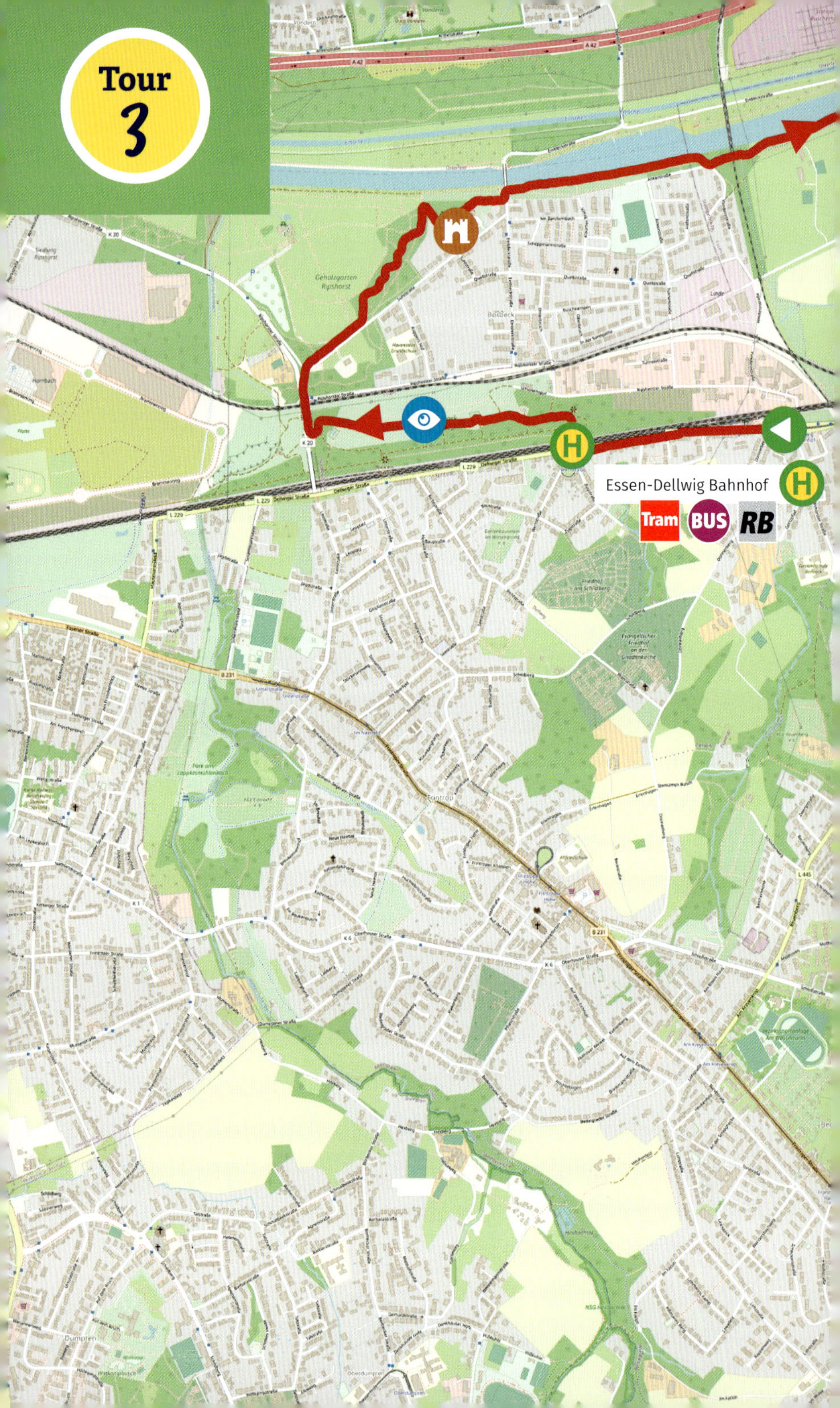

Tour
3
Essen-Dellwig Bahnhof
Tram
BUS
RB

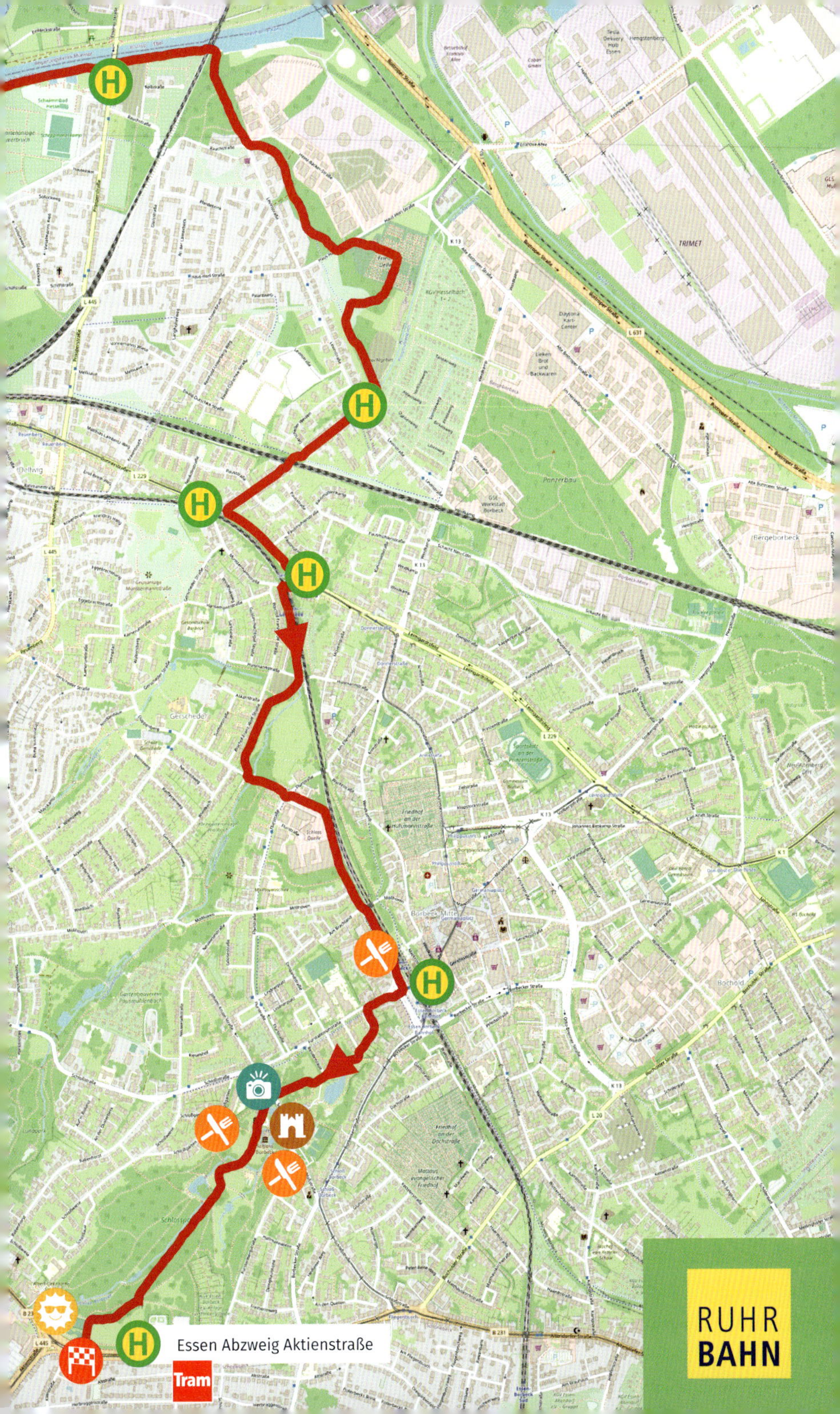
Essen Abzweig Aktienstraße
Tram
RUHR BAHN
TRIMET
Panzerbau
Bergeborbeck
Dellwig
Gerschede
Borbeck-Mitte
Bochold

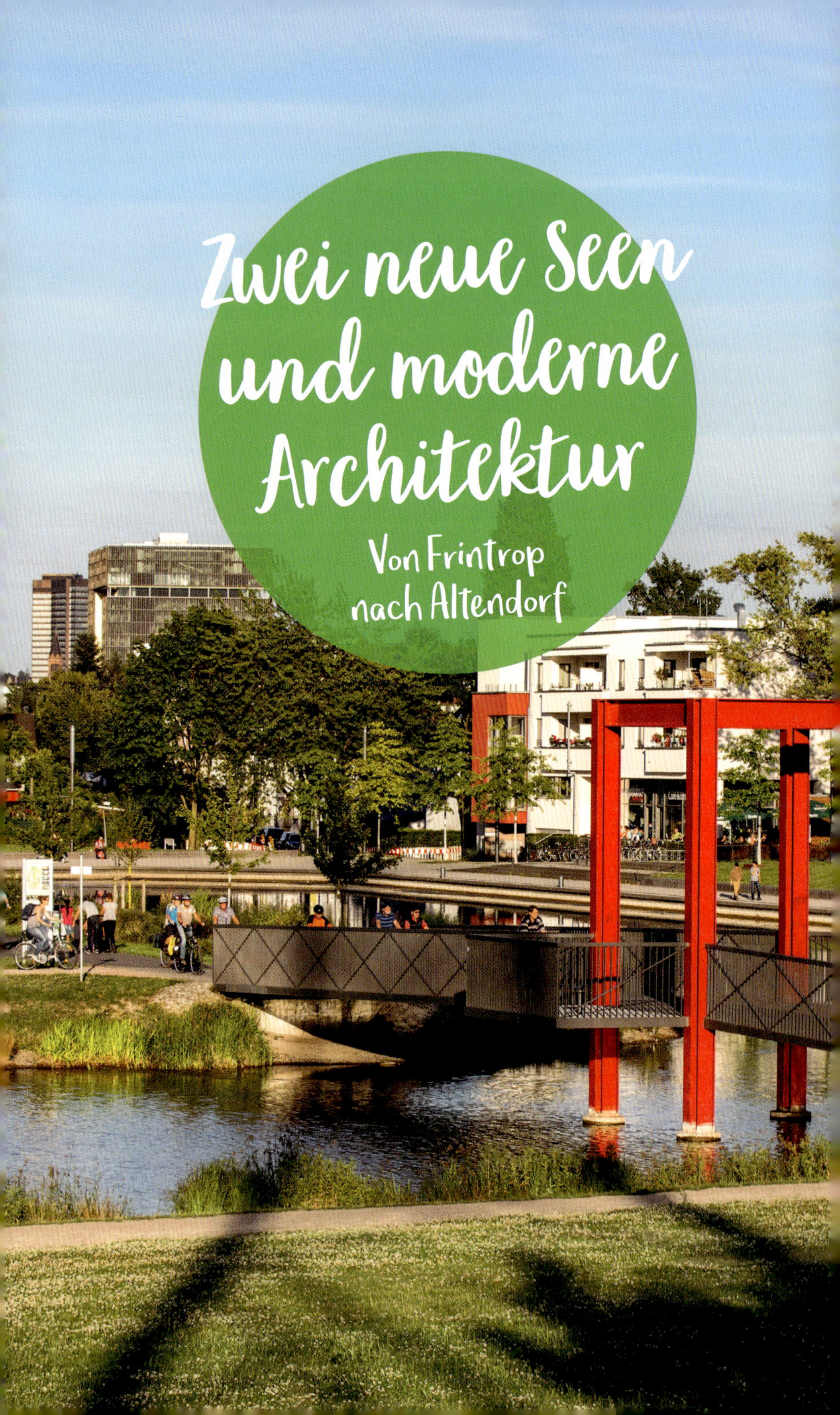
Zwei neue Seen
und moderne
Architektur
Von Frintrop
nach Altendorf

Von Frintrop nach Altendorf führt uns die Wanderung vom Essener Westen zur Stadtmitte, dabei nutzen wir Wege durch die natürlichen Siepentäler und über ehemalige Bahntrassen. Die Tour endet an einem besonderen Gelände, das vom thyssen-krupp-Konzern nachhaltig geprägt wurde und nur einen Steinwurf von der Essener Stadtmitte entfernt ist. Unterwegs treffen wir auf unserer Route mit dem Niederfeldsee und dem Krupp-Park auf zwei innerstädtische Grünprojekte, die erst in den letzten Jahren entstanden sind.

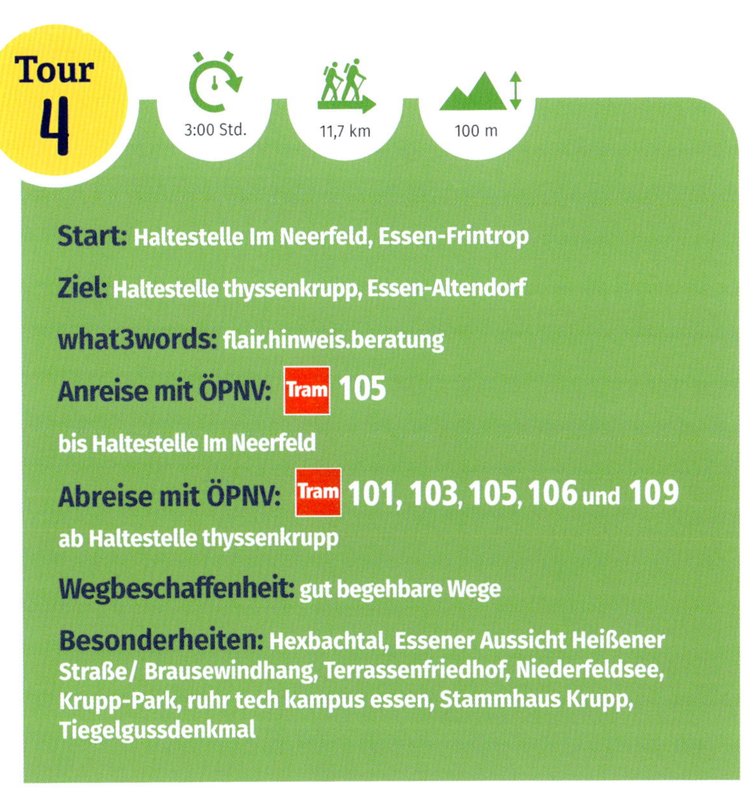

Wegbeschreibung: Wir starten die Wanderung an der Haltestelle Im Neerfeld und gehen keine 30 Meter bis zu einer Ampelanlage, überqueren die Frintroper Straße, um dann geradeaus den Fußweg zu nehmen, der uns auf die Straße Breukelmannhang führt. Dort folgen wir der Straße nach links, um schließlich die Wilhelm-Segerath-Straße zu überqueren. Im vor uns liegenden Grüngürtel treffen wir auf einen Fußweg, dem wir nach links folgen. Rechts von uns fließt ein kleines Bächlein, der Heilgraben. Wir folgen diesem Weg für 500 Meter, bis wir auf die Straße Frintroper Höhe treffen. Dort wenden wir uns nach rechts und nach 200 Metern biegen wir rechts in die Straße Küllenbergfeld ein und überqueren anschließend die Oberhauserner Straße direkt an der Einmündung. Auf dem Bürgersteig biegen wir links ab und folgen der Oberhausener Straße, bis wir rechts in die Pflanzstraße einbiegen. Nach wenigen Metern sehen wir rechts den Friedhof Pflanzstraße, einem katholischen Friedhof der Gemeinde St. Josef. Er zählt mit einer Grundfläche von nur 2,2 Hektar zu den mittelgroßen Begräbnisstätten der Stadt Essen. Wir biegen nach nicht einmal 120 Metern auf einen Fußweg ab, der links an das Haus mit der Nummer 13 anschließt. Der Fußweg bringt uns auf den Velthover Winkel. Diesem folgen wir, und an der zweiten Kreuzung gehen wir nach rechts auf einen breiten Verbindungsweg, der uns 250 Meter leicht bergab über die Straße Höchte-

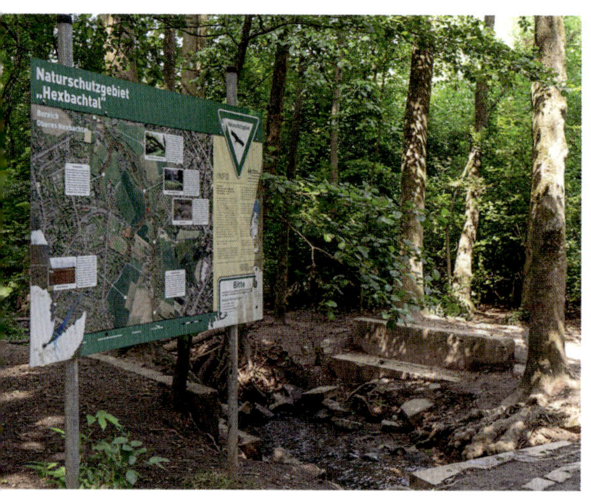

Hinweistafeln begleiten den Weg durchs Hexbachtal

bogen auf die Bedingrader Straße führt. An der Kreuzung blicken wir nach rechts und sehen in nicht mal 50 Meter Entfernung die erste Möglichkeit für eine Rast: das Restaurant Talschänke mit einem Biergarten.
Wir wandern weiter geradeaus talwärts, die Straße geht schließlich in einen breiten Fuß- und Radweg über, der uns nach einer Linkskurve in das Hexbachtal mit dem Läppkes Mühlenbach führt.

Am Weg

Hexbachtal

Das Hexbachtal ist ein Seitental der Emscher und circa fünf Kilometer lang. Neben dem Hexbach fließt unter anderem auch der Läppkes Mühlenbach in dem Tal. Schon zu Beginn des 20. Jahrhunderts war es den Planern des Siedlungsverbands Ruhr wichtig, die regionalen Grünzüge zu erhalten und somit auch diesem Tal eine wichtige ökologische Bedeutung zu geben. So war es auch nicht verwunderlich, dass im Zuge der Renaturierung der Emscher das Hexbachtal mit dem Borbecker Mühlenbach einer der ersten Pilotprojekte war.

Nach knapp 300 Metern sehen wir an der ersten Wegekreuzung rechts die Teiche einer Forellenzucht. Wer möchte, kann dort frische Forellen kaufen. Wir wandern weitere 300 Meter entlang des Talwegs, biegen rechts ab und treffen nach nicht einmal 100 Metern auf die Straße Im Faltloh, der wir rechts für 50 Meter folgen. Dann nehmen wir den rechtsabbiegenden Fuß- und Radweg, der uns an Felder entlang die kommenden 800 Meter begleitet. Wir erreichen die Straße Rötterhoven, gehen dort rechts und nach wenigen Metern biegen wir links ab und gelangen zur vierspurigen Aktienstraße.

Am Weg

Fleischerei Bickert

Wer an der Ampelanlage 200 Meter nach rechts geht, findet dort ein Kleinod eines traditionellen, familiengeführten und handwerklich hochwertigen Fleischereifachbetriebs. Das Team um Jürgen Bickert legt dabei großen Wert auf engen Kontakt zu den Fleischerzeugern und kurzen Wegen bei der Schlachtung. Qualität ist hier das Prinzip. Neben dem herkömmlichen Fleisch- und Wurstsortiment hat sich der Familienbetrieb vor allem auf Wild und außergewöhnliches Grillgut spezialisiert. Ein Besuch dieser Fleischmanufaktur lohnt sich, auch wenn es nur für eine kleine Stärkung am Rand des Wegs ist.
www.bickert-essen.de

Wir überqueren die Aktienstraße an der Ampelanlage und gehen geradeaus weiter in die Bonnemannstraße, um an der ersten Möglichkeit rechts in den Kaldenhof einzubiegen. Der Straße folgen wir knapp 350 Meter, dann geht es links in die Lockstraße. Dieser folgen wir zunächst nach links, dann nach rechts, wieder nach links und erneut nach rechts, bis wir auf den Bergkamp treffen. Dort gehen wir nach rechts und biegen wieder rechts in die Klaus-Groth-Straße ein. An der nächsten Einmündung folgen wir links der leicht ansteigenden Straße gleichen Namens. Rechts und links begleiten uns üppige Felder, Essen ist hier sehr landwirtschaftlich geprägt. Wenige Meter weiter, an der Einmüdung zur Reuterstraße, genießen wir den Blick auf die Stadtsilhouette von Essen. Dort gehen wir nach links und laufen die Reuterstraße hinab. An der nächsten Kreuzung geht es erneut nach links, ein Fußweg führt uns dann die folgenden 300 Meter leicht ansteigend auf den Brausewindhang. Dort biegen wir rechts ab und gelangen nach wenigen Metern zu der Essener Aussicht Heißener Straße / Brausewindhang.

Wir gehen leicht bergauf und biegen nach wenigen Metern rechts in das Kamptal ein. Am zweiten Abzweig halten wir uns links, stoßen

Am Weg

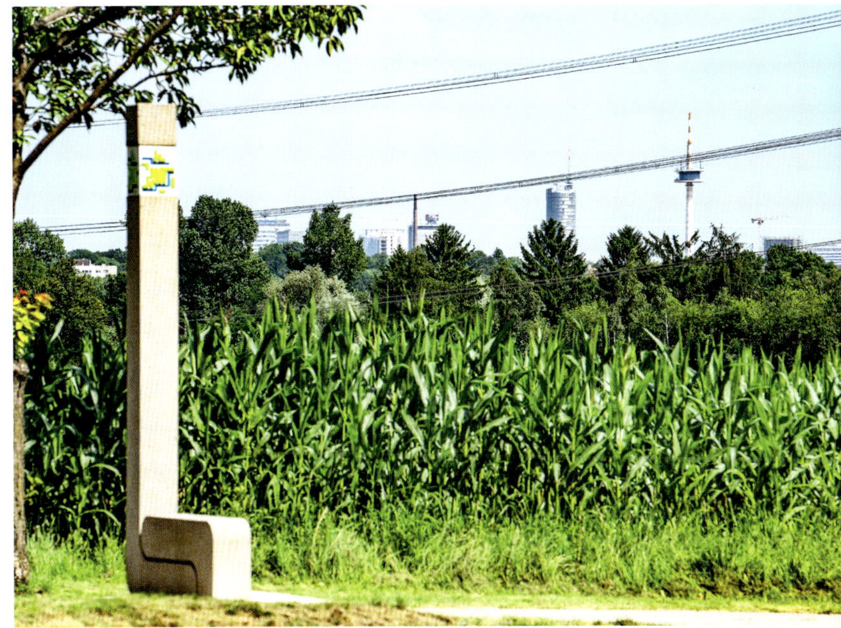

Essener Aussicht Heißener Straße/ Brausewindhang

Der Aussichtspunkt bietet ein großartiges Panorama der Essener Innenstadt. Zu erkennen sind Rathaus, Westenergie-Turm und Fernsehturm als weit sichtbare Landmarken, dazu stehen in einer Linie drei Kirchtürme: zunächst der Turm von Sankt Elisabeth, dann der Turm der Apostelkirche und schließlich in weiter Ferne der Turm von Sankt Mariä Empfängnis.

auf die Schönebecker Straße und erreichen schließlich rechts wandernd einen besonderen Friedhof, den Terrassenfriedhof.
Wir folgen auf dem Terrassenfriedhof dem breiten Weg, der uns zur Trauerhalle bringt. Dort befindet sich auch eine öffentliche Toilette. Mit Blick in das vor uns liegende Tal wird schnell klar, warum der

Am Weg

Terrassenfriedhof

1926 wurde der Terrassenfriedhof in Essen-Schönebeck nach den Plänen des Gartenbaudirektors Rudolf Korte angelegt. Korte folgte damit dem regionalplanerischen Reformwerks des Essener Baudezernenten Robert Schmidt, das vorsah, Friedhöfe in die Landschaft einzubetten und neben ihrem Zweck als Begräbnisorte auch als Erholungsflächen für die Bevölkerung zu dienen. Der auf drei Terrassen errichtete Friedhof mit der Stein- (Norden), der Rosen- (Mitte) und der Mahonienterrasse (Süden) ist mit 28,17 Hektar nach dem Parkfriedhof in Huttrop und dem Südwestfriedhof in Fulerum der drittgrößte in Essen. Er bietet Platz für 15.106 Gräber. Auf dem Friedhofs haben auch circa 2054 Opfer des Zweiten Weltkrieges und der nationalsozialistischen Terrorherrschaft ihre letzte Ruhestätte gefunden, unter ihnen 1698 ausländische Zwangsarbeiter, Verschleppte und Kriegsgefangene. Landschaftlich ist der Friedhof in die Siepentälern eingebettet.

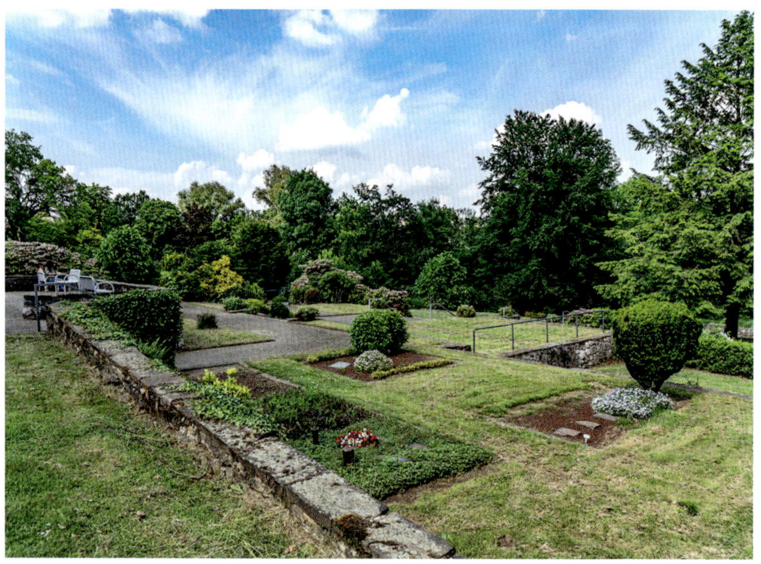

Friedhof diesen Namen trägt. Wir gehen entlang der Hauptmagistrale ins Tal hinunter und finden am Ende rechts das dritte Gräberfeld für Kriegstote aus dem Zweiten Weltkrieg. Wir gehen an ihm entlang, ein Schild gibt Auskunft zu den Opfern.
Wir verlassen den Friedhof und laufen unter einer Brücke auf die Herbrüggenstraße, der wir nach rechts folgen und die uns unter mehreren Unterführungen hindurch auf die Nöggerathstraße führt. Wir wandern für kurze 60 Meter nach rechts und folgen dann dem ersten Schotterweg auf der linken Seite, der uns 500 Meter weiter hinauf auf den Radschnellweg RS 1 bringt, der größtenteils über alte Bahntrassen verläuft.

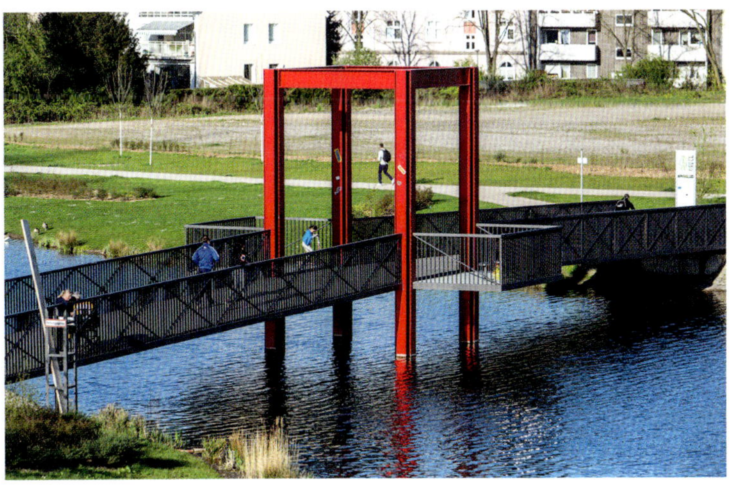

Die rote Brücke ist das Wahrzeichen des Niederfeldsees

Wir folgen dem RS 1 nach rechts für den kommenden Kilometer und gelangen schließlich zum Niederfeldsee. Dort gehen wir nicht über die Brücke, sondern bleiben auf der rechten Uferpromenade des Sees, um den zahlreichen Fahrradfahrern auf der Brücke auszuweichen.
Wir wandern an der südlichen Uferpromenade weiter und können so das Wahrzeichen des Sees, die 50 Meter lange rote Brücke, besser betrachten.

Am Weg

Niederfeldsee

Der Niederfeldsee ist ein künstliches Gewässer, das im August 2014 im Stadtteil Altendorf fertiggestellt worden ist. Auf dem Gelände verlief früher die Rheinische Eisenbahn, die noch bis 2002 hier den Güterverkehr abwickelte. Die Bahntrasse wurde auf einer Länge von 300 Meter abgetragen, Aussichtsplattformen an beiden Seiten erinnern an die ehemalige Trasse. Auch eine Kleingartenanlage gab es hier, die aber dem See weichen musste. Der 2,2 Hektar große, L-förmige See ist eingebettet in eine große Grünanlage. Ein ein Kilometer langer Fußweg führt an den Ufern um den See herum. Im südlichen Bereich an der Wohnbebauung hat der See den Charakter eines Hafens mit befestigtem Ufer, im nördlichen Teil sind die Ufer eher flach, grün und geschwungen. Aus hygienischen Gründen ist das Baden im See nicht erlaubt. An der tiefsten Stelle misst der See fünf Meter und er wird zum einen aus Grundwasser aber auch aus dem Regenwasserabfluss der umliegenden Häuser gespeist. Der See ist auch eine städtebauliche Maßnahme zur Klimaanpassung, denn das Wasser kühlt, insbesondere im Sommer, durch Verdunstungen das Umfeld des Sees ab. Auch der Stadtteil hat eine Aufwertung erfahren, denn im Zuge des Baus des Sees sind 61 moderne Wohnungen entstanden.

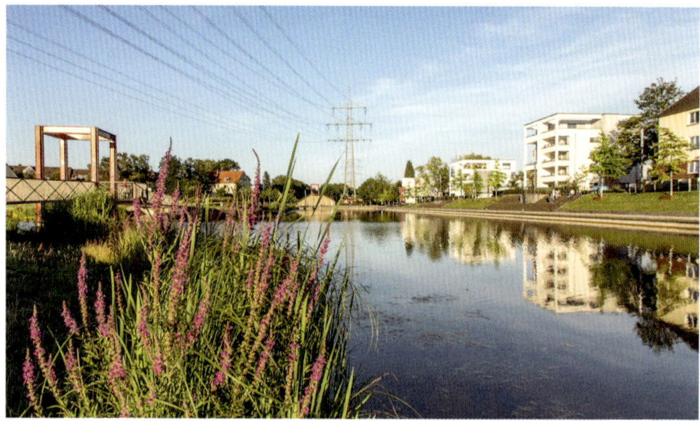

Am Ende des Sees können wir uns überlegen, ob wir in der „Radmosphäre“ die letzte Rastmöglichkeit der Tour nutzen oder einfach die verbleibenden Kilometer der Route durchwandern wollen.

Wir gehen am Ende des Sees nach links, um wieder auf die Trasse des RS 1 Richtung Stadtmitte zu gelangen. Nach einem kleinen Anstieg, rechts sehen wir eine der beiden Aussichtsplattform, wandern wir nun wieder auf der Trasse für die kommenden 500 Meter. Nach einer Brücke biegen wir rechts in den Krupp-Park mit dem direkt angrenzenden See ab.

Wir wandern wenige Meter entlang des Uferwegs, um kurz vor dem Amphitheater rechts auf den Hauptweg zu wechseln, der den Krupp-Park vom Norden nach Süden durchquert. Vorbei an einem Beachvolleyballfeld gehen wir an der nächsten Möglichkeit nach links und

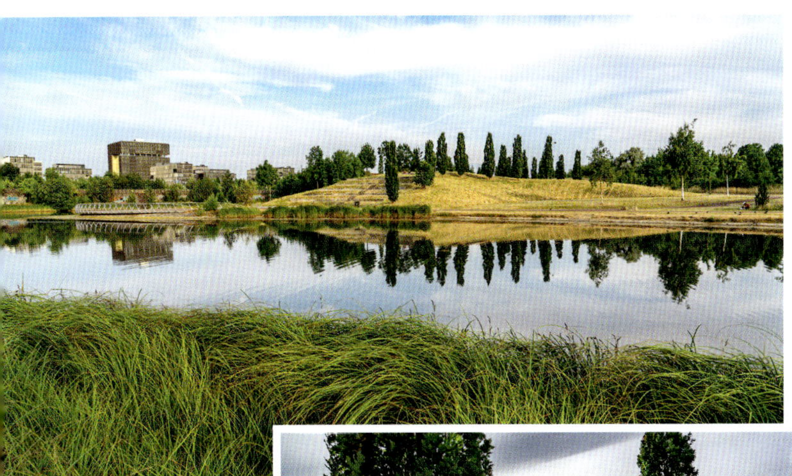

Der Krupp-Park mit See und modellierten Hügeln

Am Weg

Krupp-Park

Der Krupp-Park wurde von 2009 bis 2024 auf dem ehemaligen Gelände der Kruppschen Gussstahlfabrik angelegt, dem städtebaulichen Projekt des Krupp-Gürtels. Der Park wurde zeitgleich mit dem Bau der neuen thyssenkrupp Firmenzentrale, „ruhr tech kampus essen“, erdacht und planerisch verbunden. Der aus einem südlichen und nördlichen Teil bestehende 23 Hektar große und 1,3 Kilometer lange Park ist nach der Gruga, dem Borbecker Schlosspark sowie dem Hügelpark der viertgrößte innerstädtische Park. Die Anlage ist wie eine kleine Landschaft gestaltet mit einem See, Bäume, Wiesen, Lichtungen und fünf Hügeln. Ferner gibt es Spielplätze sowie ein Beachvolleyballfeld und einen Sportplatz. Das Besondere ist die Verbindung des ruhr tech kampus essen mit dem Park. Der See, an der tiefsten Stelle 2,8 Meter tief, wird ausschließlich aus Regenwasser gespeist. Dazu wird das Regenwasser von der thyssenkrupp Niederlassung in einem Kanal unter dem Berthold-Beitz-Boulevard geführt, und tritt an einem Düker an die Oberfläche und fließt in den See. Der Ablauf des Sees mündet in den Borbecker Mühlenbach. Die Modellierung des Krupp-Parks besteht aus den Aushüben des thyssenkrupp-Areals und des Berthold-Beitz-Boulevards. Mit dem Krupp-Park ist es dem Landschaftsarchitekten Andreas Kipar gelungen, das jahrzehntelang brachliegende Krupp-Gelände gemeinsam mit den Anwohnern zu einem neuen Hotspot für Erholung, Freizeit und Sport zu gestalten.

kommen nach wenigen Metern zum Berthold-Beitz-Boulevard. Kurz vor der Ampel sehen wir den Düker, aus dem das Regenwasser des ruhr tech kampus essen zutage tritt. Wir überqueren an einer Ampelanlage den Boulevard und gehen die Straße Am Quartiersbogen hinauf zum Hauptgebäude von Thyssenkrupp, dem Gebäude Q1. Wir betreten den ruhr tech kampus essen damit eigentlich von der Hinterseite, aber so ist das architektonische Grundprinzip des Gebäudekomplexes besser nachzuvollziehen.

Wir erreichen das Gebäude Q1 und gehen direkt rechts an der Seite entlang. Hinter dem Gebäude sehen wir die große Wasserfläche und wir wandern die letzten Meter entlang des mit Bäumen versehenen Wegs in Richtung Altendorfer Straße, links erblicken wir das Gebäude

Am Weg

ruhr tech kampus essen

Die Konzernzentrale der thyssenkrupp AG ist seit Juni 2010 das Ensemble der Gebäuden Q1, Q2, Q4, Q5, Q6, Q7, Q8 und Q10. Die moderne Konzernzentrale gestaltet von den Architekten Philippe Chaix und Jürgen Steffens steht an einem historischen Ort, der Kruppschen Gussstahlfabrick, die im Zweiten Weltkrieg zerstört worden ist. Schauen wir von der Altendorfer Straße auf den Gebäudekomplex, dann sehen wir die 4800 Quadratmeter große zentrale Wasserachse, die auf das Gebäude Q1 zuführt. Das Gebäude Q1, der große Kubus, an ein Borgschiff der Serie „Star Treck" erinnernd, ist weithin im Stadtbild sichtbar. Es hat eine Kantenlänge von 50 Metern und 14 Geschosse. Die großen Glasflächen sind dabei das stilprägende Architekturmerkmal. Das Ensemble ist durch seine Transparenz ein Highlight moderner Konzernarchitektur.

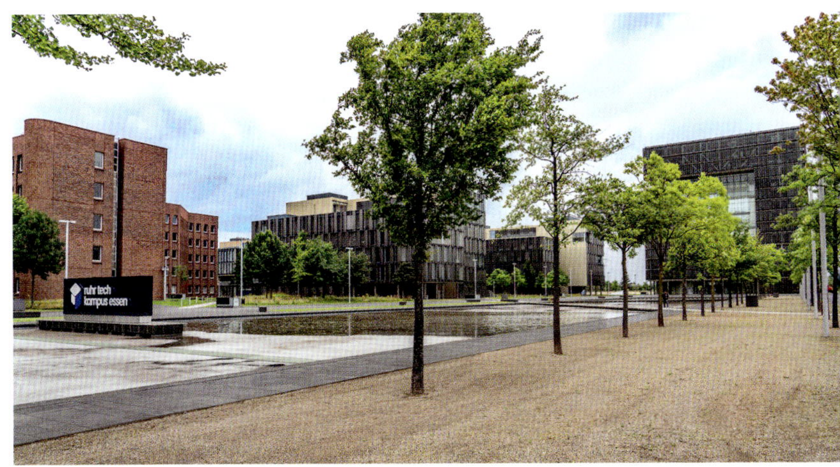

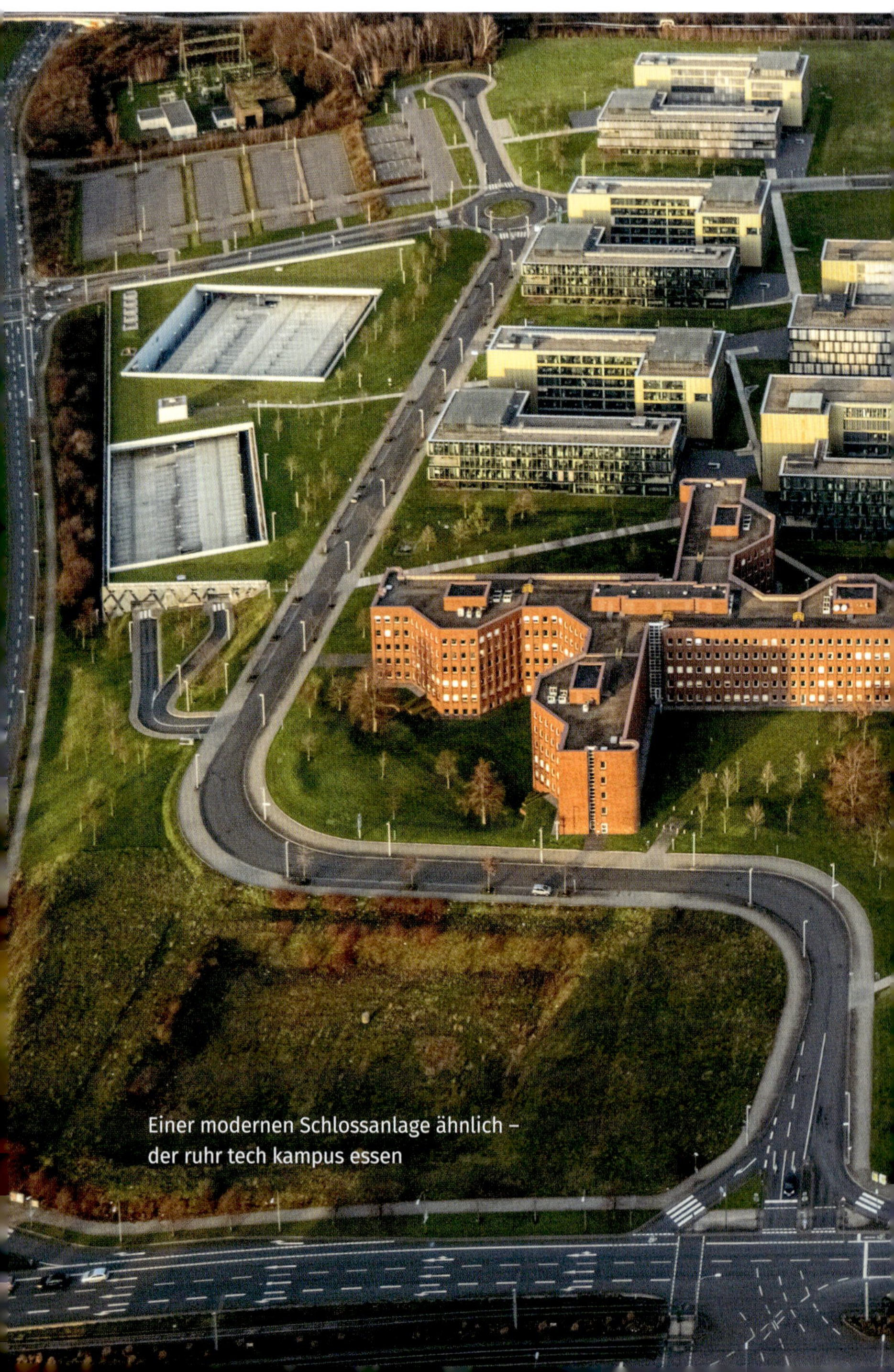

Einer modernen Schlossanlage ähnlich –
der ruhr tech kampus essen

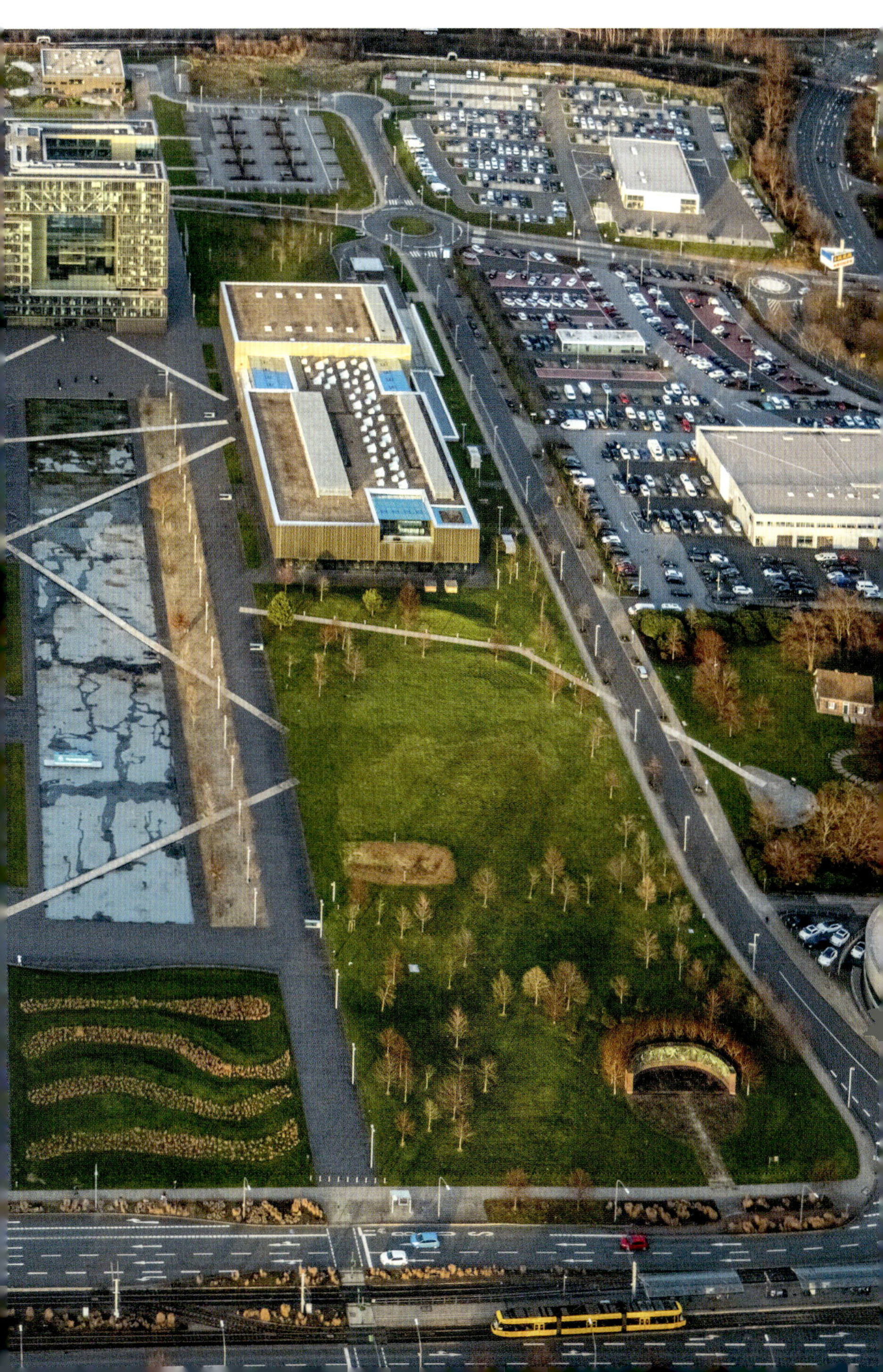

Q2, das mit einem Tagungssaal für 1000 Personen ausgestattet ist. Nun heißt es, für diejenigen, die das Haus besucht haben, nur noch links auf die Allee bis zu Kreuzung zu gehen, unserem Ziel.
Wir wandern die letzten Meter an der Wasserachse entlang, bis wir auf die Altendorfer Straße treffen. Dort drehen wir uns nochmals um, um

Am Weg

Stammhaus Krupp

Wer den Gegensatz zum modernen Ensemble erleben möchte, geht hinter dem Gebäude Q2 links auf einen Weg, der über die Thyssenkrupp Allee zum Stammhaus Krupp führt. Das Stammhaus wurde als Aufseherhaus 1818/19 errichtet und wurde 1824 das Wohnhaus der Krupps, zu einem Zeitpunkt als die Firma nur sieben Personen beschäftigte und hoch verschuldet war. Erst mit der Gründung der Krupp-Gussstahlfabrik durch Alfred Krupp wurde die Firma zu einem der größten Industrieunternehmen Europas. Bis 1873 sollte das Stammhaus der Wohnsitz der Krupps bleiben, erst dann siedelte die Familie zur Villa Hügel um. Der hier zu sehende geschieferte Fachwerkbau ist eine originalgetreue Rekonstruktion von 1961, denn das ursprüngliche Gebäude fiel dem Zweiten Weltkrieg zum Opfer.

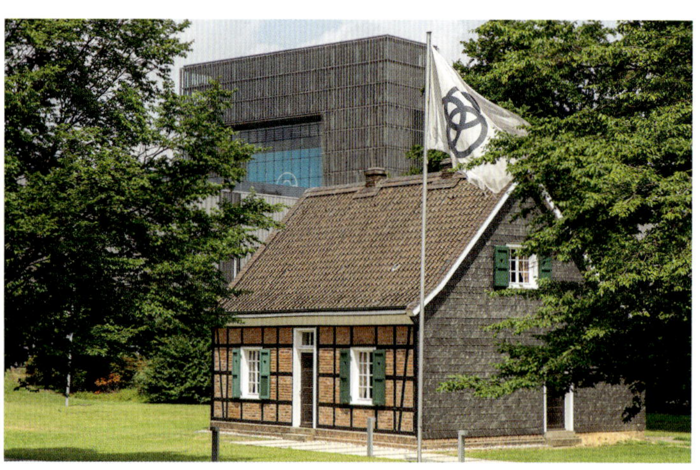

die Sicht auf die thyssenkrupp Konzernzentrale zu bestaunen, wahrlich eine imposante Architektur. Wir gehen nach links und sind fast am Ziel, auf der linken Seite sehen wir noch das Tiegelgussdenkmal. Um die Rückfahrt anzutreten gehen wir an einer Ampel auf die Mittelinsel zur Haltestelle thyssenkrupp.

Am Weg

Tiegelgussdenkmal

Der Bildhauer Artur Hoffmann plante im Auftrag von Gustav Krupp von Bohlen und Halbach und seiner Frau Bertha Krupp das Monument der Tiegelstahlproduktion. Das 22 Meter lange und neun Tonnen schwere Monument konnte aufgrund von Materialknappheit und den Auswirkungen des Zweiten Weltkriegs erst 1952 angefertigt und aufgestellt werden. Das Denkmal erklärt in fünf Schritten die Fertigung von Tiegelstahl: das Herstellen der Gussform, die Verflüssigung des Gussmaterials in Schmelzöfen, das Vergießen, die Herausnahme des Gussstahls aus der Form und schließlich das Reinigen des rohen Gussstücks. Leider konnte Gustav von Bohlen und Halbach die Einweihung des Denkmals nicht mehr miterleben, er starb 1950.

Gastronomie:

Restaurant Talschänke
Bedinggrader Straße 135
45359 Essen
Tel. 0201/84163818
www.restaurant-talschaenke.de

Fleischerei Bickert
Aktienstraße 146
45359 Essen
Tel. 0201/671407
www.bickert-essen.de

Radmosphäre
Uferpromenade 1
45143 Essen
Tel. 0201/75983453
www.radmosphaere.eatbu.com

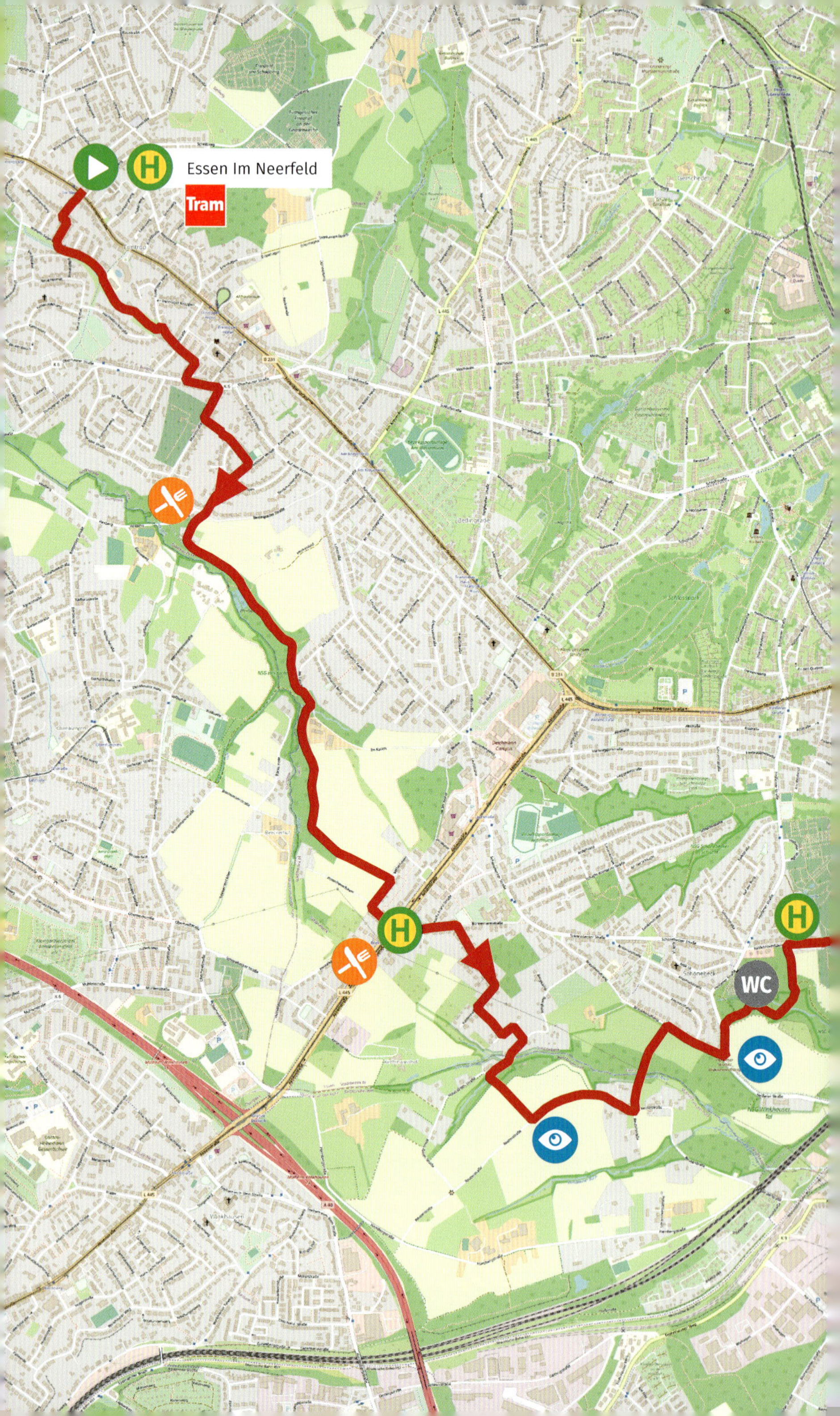
Essen Im Neerfeld
Tram
WC

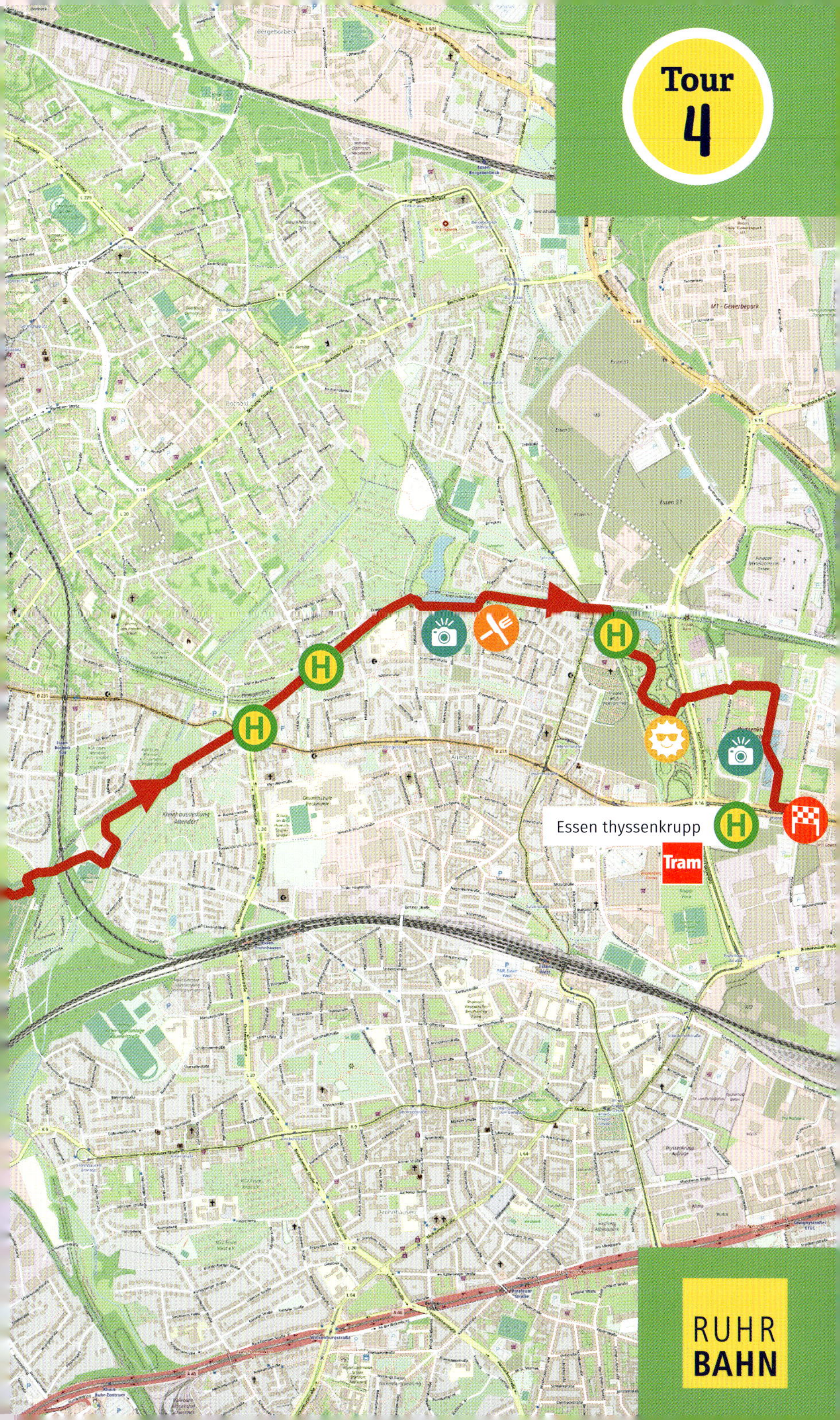

Tour
4
Essen thyssenkrupp
Tram
RUHR
BAHN

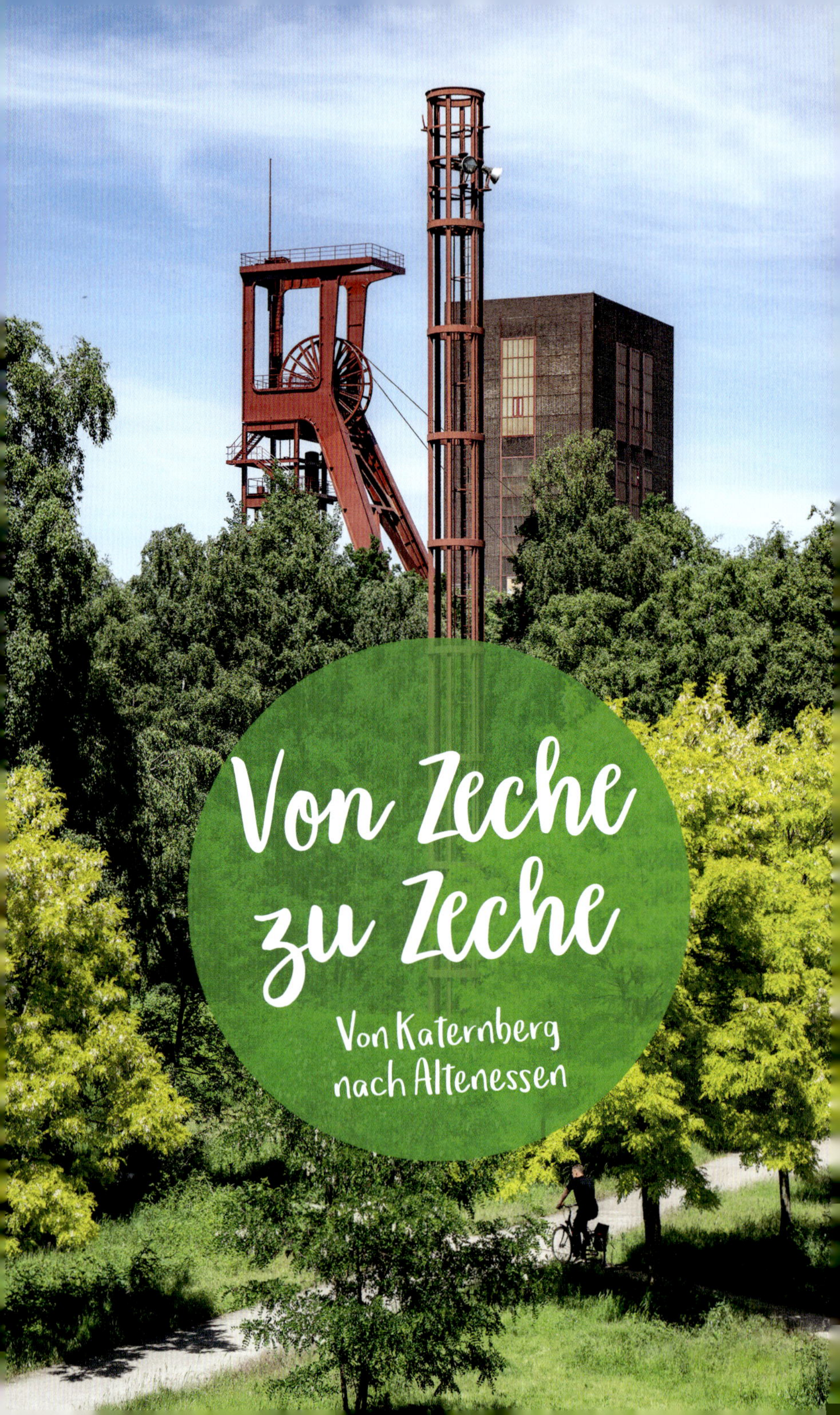
Von Zeche
zu Zeche
Von Katernberg
nach Altenessen

Auf der insgesamt zehn Kilometer langen Strecke, Start- und Endpunkt dieser Tour liegen eigentlich nur drei Kilometer voneinander entfernt, erwandern wir einige Schätze des Ruhrgebiets wie das UNESCO-Welterbe Zeche Zollverein, die Zeche Helene und die Zeche Carl. Die Tour führt uns aber auch durch Parks und Grünzüge sowie über ehemaligen Bahntrassen, die das verbindende Element der Route sind.

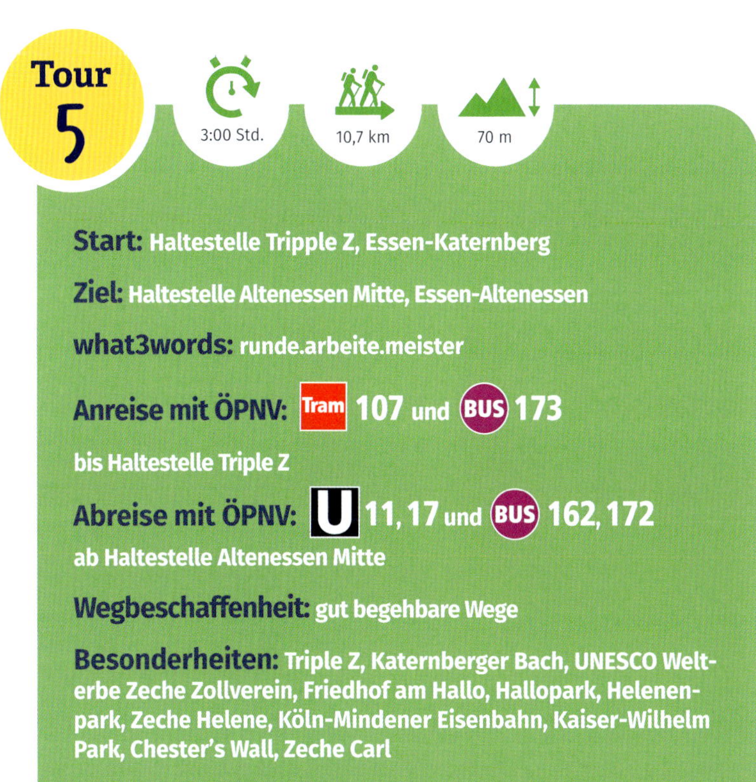

Wegbeschreibung: Nicht weit vom Startpunkt der Tour entfernt, nur 100 Meter auf der linken Seite der Katernberger Straße, befindet sich die ehemalige Schachtanlage 4/5/11 der Zeche Zollverein, das heutige Triple Z.

Am Weg

Triple Z

Der heutige Standort des Existenzgründungszentrums Triple Z gehörte einst zur Schachtanlage 4/5/11 der Zeche Zollverein. 1891 wurde Schacht 4 abgeteuft, ein Jahr später folgte Schacht 5, um die nördlichen Kohlegebiete des Grubenfeldes Zollverein abzubauen. Schacht 11 kam erst 1922 dazu. Die Anlage ist die nördlichste der vier Schachtanlagen der Zeche. Nach dem Aus der Kohleförderung auf Zollverein wurde das Gelände des Schachtes 4/5/11 zu der zentralen Ausbildungsstätte der Ruhrkohle AG. Seit 1986 ist das Ensemble mit den verbliebenen Gebäuden ein Sinnbild für den Wandel und die Umnutzung von ehemaligen Bergwerken, es wird seitdem vom Unternehmens- und Gründungszentrum Triple Z (ZukunftsZentrumZollverein) genutzt und bespielt. Auf 26.000 Quadratmetern hat sich die Triple Z AG zur Aufgabe gemacht, Existenzgründungen zu fördern und damit neue Arbeitsplätze zu schaffen. Mit Erfolg, rund 100 Unternehmen mit über 600 Beschäftigten sind in den zwölf sanierten Zechengebäuden der alten Schachtanlage ansässig.

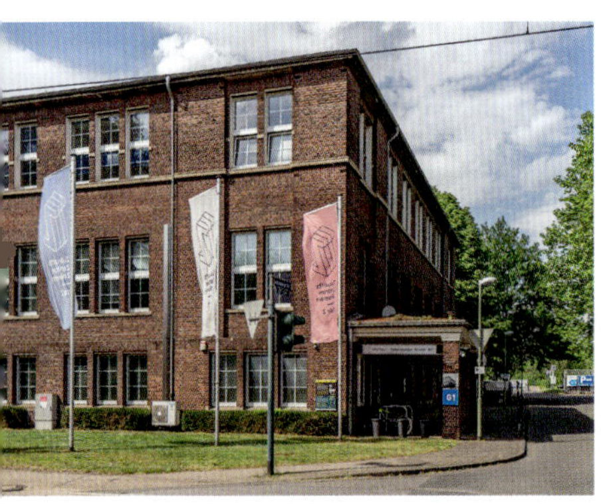

Wir starten die Wandertour mit der Überquerung der Straße an der Ampelanlage, gehen dann in die Zollvereinstraße und lassen die Tankstelle links liegen. Keine 50 Meter weiter biegen wir nach links ab und bleiben die kommenden 1,2 Kilometer auf dem linken Uferweg des Katernberger Bachs, der rechte Uferweg ist den Fahrradfahrern vorbehalten

Am Weg

Der Emscherumbau – Katernberger Bach

Die Emscher galt vor rund 100 Jahren noch als der schmutzigste Fluss Deutschlands, denn sie nahm das Abwasser aus der Industrie und den Haushalten auf. Da man im Ruhrgebiet aufgrund des Bergbaus und der damit verursachten Bergsenkungen keine unterirdischen Abwasserkanäle errichten konnte, wurde Ende des 19. Jahrhunderts das Flusssystem der Emscher mit ihren Nebenflüssen zu einem offenen, oberirdischen Abwasserkanalsystem umgebaut. Damit sollten auch die hygienischen Probleme des Ruhrgebiets gelöst werden, denn das Schmutzwasser trat an vielen Orten über die Ufer und verseuchte so ganze Landstriche. Erst mit dem Ende des Bergbaus, konnte mit dem Bau eines unterirdischen Abwasserkanalsystem begonnen werden. Die Emscher und die Nebenflüsse wurden renaturiert und oberirdisch von dem Skelett der Abwasserkanäle befreit. Ein Generationenprojekt, das am Beispiel des Katernberger Bachs bestaunt werden kann. In den 1980er-Jahren wurde er in ein unterirdisches Rohr verlegt, so dass der Katernberger Bach hier an dieser Stelle verschwand. Mit der Renaturierung wurde er nun wieder ans Licht Katernbergs geführt. Dieses Projekt wurde auch in Einklang mit den städtischen Grünflächen und den Wünschen der Anwohner geplant und umgesetzt. So ist an zentraler Stelle Katernbergs ein kleines Naherholungsgebiet erschaffen worden.

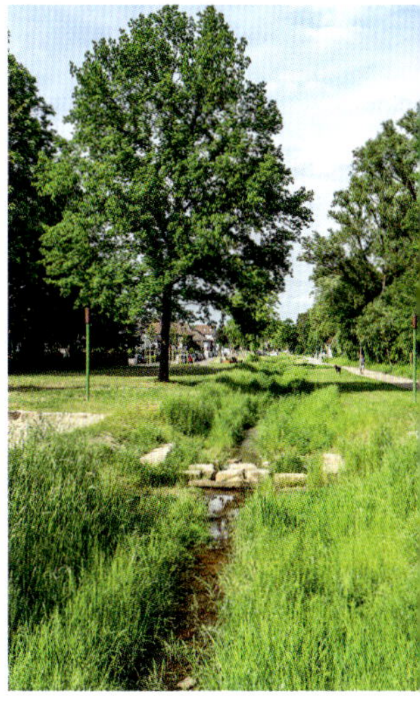

Auf unserem Weg entlang des Katernberger Bachs überqueren wir drei Straßen, bei der letzten sehen wir auf der linken Seite einen roten

Klinkerbau. Das Gebäude ist eine von noch zwei erhaltenen Gebäuden der Werksfürsorge der Zeche Zollverein. Die Vorsorgeeinrichtung kümmerte sich in den 1920er-Jahren bis 1965 um die Bergarbeiterfamilien, insbesondere für die Frauen der Bergarbeiter. An dem Spielplatz Katernberger Bach biegen wir links in einen Weg ein, dem wir bis zur Köln-Mindener-Straße folgen, Unterwegs sehen wir auf der linken Seite den evangelischen Friedhof Katernberg.

Wir überqueren die Straße, folgen ihr nach rechts für 150 Meter und gehen dann in eine Unterführung (Köln-Mindener Eisenbahn). An deren Ende überqueren wir die Haldenstraße und nehmen den Weg nach rechts, der uns unmittelbar nach links auf das Gelände des UNESCO Welterbes Zeche Zollverein bringt. Wir folgend der Martin-Kremmer-Straße für 225 Meter und biegen nach der Ausfahrt des Hotels Friends rechts ab, um nach einigen Stufen zum Förderturm des Schachts 1/2/8 zu gelangen.

Am Weg

Schacht 1/2/8

Die Schachtanlage gilt als die Gründerschachtanlage von Zollverein, hier begann 1851 die ruhmreiche Geschichte der Zeche. Das heutige Erscheinungsbild ist jedoch auf die 1950er- und 1960er-Jahre zurückzuführen. So entstand der rückwärtige Förderturm des Schachts 2 in den Jahren 1964 bis 1966 aus dem demontierten Turm der Schachtanlage Friedlicher Nachbar in Bochum-Linden. Allgegenwärtig ist das Fördergerüst des Schachts 1, er wurde in den Jahren 1956 bis 1958 errichtet. Für die Funktion Zollvereins war die Schachtanlage 1/2/8 äußerst wichtig, insbesondere nach der Inbetriebnahme der zentralen Schachtanlage XII, denn hier war hier der Dreh- und Angelpunkt für die einfahrenden Kumpel auf Zollverein. Hier befindet sich die einstige Waschkaue, die für 3000 Kumpel ausgelegt gewesen ist. Die heutige Nutzung der zweigeschossigen Waschkaue ist seit dem Umbau in den Jahren von 1999 bis 2000 zum Choreographischen Zentrum NRW, heute PACT Zollverein, ganz der Kunst gewidmet.

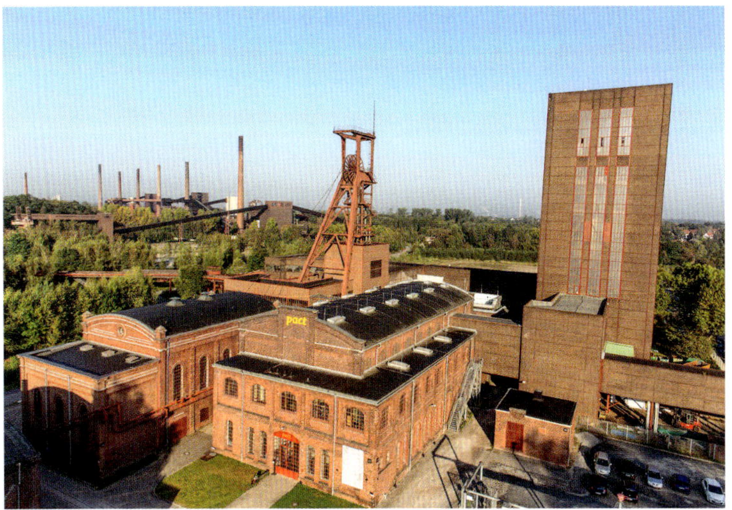

Fördergerüst Schacht 1/2/8 der Zeche Zollverein, dahinter die Kokerei

Dort gehen wir nach links und direkt im Anschluss führt ein breiter Weg nach rechts vom Gebäude weg, hin zu einem Aufgang, der uns hinauf auf die Mannschaftsbrücke bringt. Nun wandern wir auf den Spuren der Bergleute, führte die Mannschaftsbrücke die Kumpel einst von der Schachtanlage 1/2/8 zum Ensemble der Schachtanlage XII. Die Bergleute mussten diesen erhöhten Weg nehmen, da ein ebenerdiges Passieren aufgrund des Zugverkehrs nicht möglich war. Die Mannschaftbrücke führt uns entlang des heutigen Parkplatzes A2 auf der linken Seite und des Zollverein Parks auf der rechten Seite. Am Ende der Mannschaftsbrücke stehen wir vor dem Treppenhaus der Halle 12, nehmen die Treppen nach unten und orientieren uns zum Zugang der Halle 12 neben dem Bistro XII. Hier kann auch gern im Biergarten mit einem Getränk und einem Snack eine Pause eingelegt werden.

Wir durchqueren die Halle 12, die ehemalige Lesebandhalle, auch Kulturpassage genannt. Hier haben sich Kultur- und Kunstanbieter auf nicht einmal 100 Metern versammelt. In der Mitte des Gebäudes befindet sich eine öffentliche Toilette.

Wir kommen auf den Werner-Müller-Platz und gehen geradeaus an der Kohlenwäsche mit der freischwebenden Rolltreppe vorbei Richtung Parkplatz A1.

Am Weg

Werner-Müller-Platz

Der Platz ist nach dem ehemaligen Manager, Hochschuldozenten, parteilosen Politiker – von 1998 bis 2002 Bundeswirtschaftsminister – und bedeutendsten Architekten der Finanzierung der sogenannten Ewigkeitskosten, Dr. Werner Müller (1946–2019), benannt. Die Leistungen Müllers für das Ruhrgebiet waren und sind immens. Nach dem Ende des Steinkohlebergbaus muss im Revier auf ewig das Wasser abgepumpt werden, da große Teile des Ruhrgebiets aufgrund von Bergsenkungen nun unterhalb des Grundwasserspiegels liegen. Ein Fünftel der Fläche des Ruhrgebiets wären heute geflutet, wenn die Pumpen nicht permanent laufen würden. Diese Aufgaben werden als Ewigkeitsaufgaben bezeichnet. Um diese aufzufangen und nicht den Steuerzahlern damit auf alle Zeiten zu belasten, hat Werner Müller nach seinen Stationen als Vorsitzender der Ruhrkohle AG und der Evonik AG das Modell der RAG-Stiftung erdacht und von 2012 bis 2018 erfolgreich als Vorstandsvorsitzender geleitet. Die RAG-Stiftung ist als Nachfolgerin der Ruhrkohle AG für die Finanzierung der Ewigkeitsaufgaben zuständig. Dazu wurde die Ruhrkohle AG in einen sogenannten weißen Bereich (Evonik AG) und schwarzen Bereich (RAG) aufgeteilt. Durch den Besitz der Aktienmehrheit und einen Teilverkauf von Aktien der Evonik AG sowie klugem Investment, zum Portfolio der Stiftung gehören mehr als 2000 Firmenbeteiligungen, können die Ewigkeitsaufgaben finanziert werden

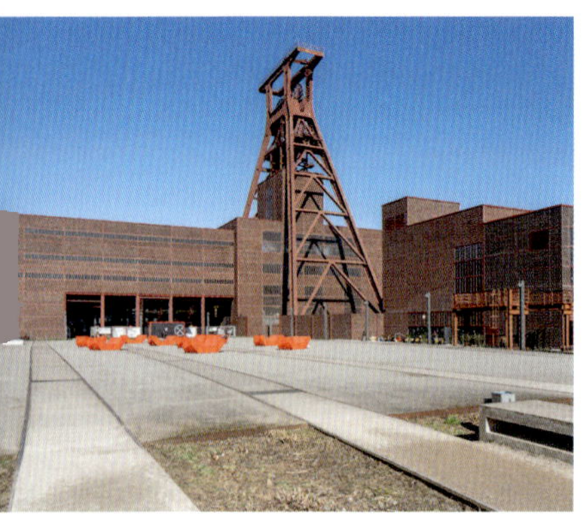

Am Weg

Kohlenwäsche

Die Kohlenwäsche ist das größte Gebäude der Zeche Zollverein und war eigentlich eher eine große Maschine, die die Kohle vom Bergematerial trennte und vorsortierte. Täglich wurden hier 23.000 Tonnen Rohkohle verarbeitet. Die Fassade, aus Ziegeln gemauert, diente dem Schutz der Anlage vor Witterungseinflüssen, und die moderne, kubistische Formensprache der Architekten Kremmer und Schupp wurde auch nach dem Umbau zu einem Veranstaltungs- und Ausstellungsort beibehalten. Da es bei dem Gebäude keinen angemessenen Eingang gab, wurde dieser auf die 24-Meter-Ebene verlegt und ist nun über Deutschlands größte freischwebende Rolltreppe zu erreichen. Die beiden 58 Meter langen Treppen orientieren sich in ihrer Anmutung an den historischen Bandbrücken auf dem Gelände und leuchten in der Dunkelheit orangerot. 90 Sekunden dauert die Fahrt in das Gebäude. Der Umbau des denkmalgeschützten Ensembles erfolgte durch die Architekten Rem Kohlhaas und Heinrich Böll, dabei blieb ein Teil der Maschinen erhalten und auf dem Dach neben einer Aussichtsplattform wurde ein gläserner Pavillon aufgesetzt, der Erich-Brost-Pavillon. Das Gebäude beherbergt heute das Ruhr Museum. Das ehemalige Ruhrlandmuseum hat hier 2010 im Zuge der Kulturhauptstadt Europas RUHR.2010 eine neue Heimat gefunden.

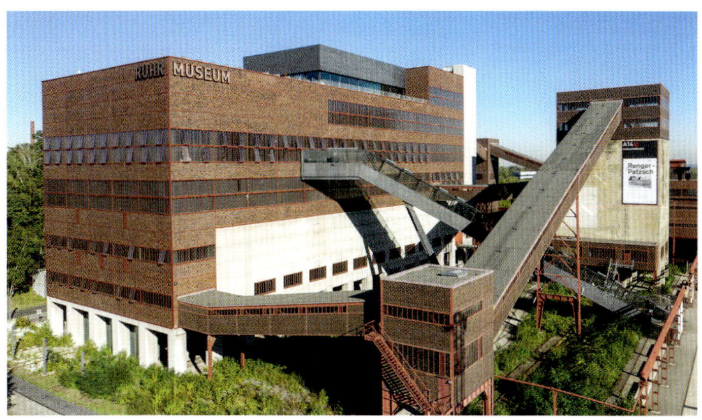

Auf dem Werner-Müller-Platz nehmen wir den zweiten zubetonierten Gleisweg von rechts und gehen nach dem Platz unterhalb des Parkplatzes auf dem breiteren Weg immer geradeaus. Nach 225 Metern treffen wir auf die Gelsenkirchener Straße und überqueren diese direkt an der Ampelanlage. Auf der gegenüberliegenden Straßenseite gehen wir nach rechts. Nachdem wir die Pfeifferstraße überquert und das Haus auf der linken Seite passiert haben, folgen wir dem Weg nach links. Nach 30 Metern biegen wir auf den rechtsabzweigenden Weg ab, der uns schließlich in ein kleines Birkenwäldchen führt und wir nach circa 400 Metern die Hallostraße erreichen. Diese überqueren wir und gehen nach links für 600 Meter nach links, bis wir den Haupteingang des Friedhofs am Hallo erreichen.

Am Weg

Friedhof am Hallo

Der Friedhof am Hallo im Essener Stadtteil Stoppenberg erstreckt sich über die natürliche Anhöhe Hallo, misst knapp 17,4 Hektar und bietet Platz für über 17.000 Gräber. Schon 1972 wurde ein nach Mekka ausgerichtetes muslimisches Begräbnisfeld in unmittelbarer Nähe zum oberen Zugang zum Friedhof angelegt. Mittlerweile ist ein zweites Gräberfeld entstanden. Das muslimische Gräberfeld unterliegt nicht den allgemeinen Gestaltungsvorschriften des Friedhofs und aus diesem Grunde findet sich dort eine andere Grabmalgestaltung als bei den christlichen Gräbern.

Direkt am Eingang des Friedhofs befinden sich übrigens auf der linken Seite öffentliche Toiletten, die letzten auf der Tour. Wir lassen die Funktionsgebäude links liegen und gehen leicht bergauf bis zum Ende des Wegs nach 250 Metern. Dort angekommen wandern wir nach rechts, um nach 200 Metern den Friedhof zu verlassen und den Hallopark zu betreten.

Am Weg

Hallopark

Der Hallopark mit dem 2001 eröffneten Sportpark am Hallo liegt am Fuße der gleichnamigen Erhebung und weist mit 33.000 Quadratmetern Essens größte zusammenhängende Wiesenfläche auf. Neben einem Teich und einer Hundewiese beherbergt die Parkanlage auch einige Spielplätze. Zudem entspringt im Hallopark der Schwarzbach, dem Zufluss der Emscher, in den auch der Katernberger Bach mündet.

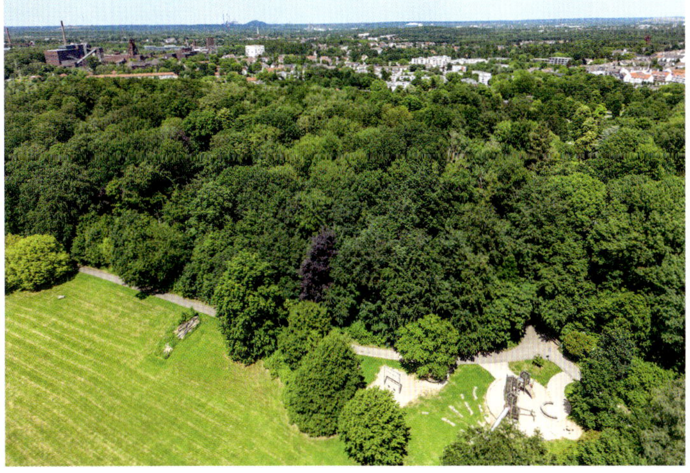

Wir gehen geradeaus und halten uns links, der Weg führt uns schließlich zu der größten Wiesenfläche in Essen, an deren Rande wir leicht bergab wandern. Unten am Hauptweg angekommen gehen wir geradeaus, und nach zehn Metern biegen wir rechts auf einen Weg ab, um uns nach weiteren 30 Metern nach links zu wenden. Wir bleiben bei den Abzweigen immer auf dem Weg, bis wir nach 120 Metern eine weitere Abzweigung erreichen. Statt geradeaus zu gehen, halten wir uns rechts und bleiben auf dem Weg, der uns oberhalb des Sportparks mit zwei Fußballplätzen und einem Leichtathletikstadion schließlich zu einer Sporthalle führt. Diese Halle bietet

2578 Zuschauern Platz und ist der Austragungsort der Heimspiele der Handballmannschaft TUSEM Essen und des Basketballvereins ETB Wohnbau Baskets. Direkt nach der Halle gehen wir scharf links die kleine Anhöhe hinauf auf eine ehemalige Bahntrasse, die heute als Rad- und Fußweg genutzt wird. Oben biegen wir rechts ab und folgen dem Weg für knapp 800 Meter. Nachdem wir eine kleine Brücke überquert haben, biegt der Hauptweg nach links ab, wir folgen hingegen dem Weg rechts leicht bergab. Die Route führt uns nun an Gärten von Einfamilienhäusern vorbei, und nach 300 Metern nehmen wir rechts den Verbindungsweg, der in die Straße Victoriahain führt. Bald überqueren wir die Essener Straße und gehen durch einen Park parallel der Straße Esternhovede, bis wir die Grabenstraße überqueren. Von da geht es auf dem Bürgersteig weiter, bis wir nach der Überquerung der Tuttmannstraße dem Weg in den Helenenpark hinein folgen.

Am Weg

Helenenpark

Der Helenenpark ist ein Beispiel für die erfolgreiche Grünplanung der Stadt Essen. Von 1873 bis 1963 wurde die Zeche Helene mit einer Kokerei betrieben, anschließend lagen die Zeche und das Zechengelände brach. Mit Mitteln des Projekts BEN (Begrünung des Essener Nordens) wurde 1979 ein circa 25 Hektar großer Park gestaltet, der nicht nur als Naherholungsgebiet genutzt wird, sondern auch als Kaltluftschneise inmitten des sonst sehr stark bebauten Essener Nordens dient. Auf dem Gelände des heutigen Parks lassen sich noch Haldenaufschüttungen, mittlerweile in die Landschaft modelliert, und Bahntrassen finden. Sie zeugen von der ehemaligen Nutzung des Geländes.

Wir betreten den Helenpark von Süden und biegen nach 200 Metern am Abzweig nach links, lassen unterwegs die Baustelle der Emschergenossenschaft am Stoppenberger Bach rechts liegen und kommen zu einer Wiese, die wir in einer langen Rechtskurve umrunden.

50 Meter bevor wir auf die Twentmannstraße stoßen, biegt links ein schmaler Trampelpfad ab, der uns auf der Rückseite der Verwaltungsgebäude der ehemaligen Zeche Helene bringt.

Am Weg

Zeche Helene

Die Zeche Vereinigte Helene & Amalie war ein Steinkohlebergwerk mit Schachtanlagen in Altenessen und Altendorf und gilt als einer der ersten erfolgreichen sogenannten Mergelzechen, sprich einer Zeche, die die wasserführende Mergelschicht erfolgreich durchstoßen hat, um an die darunterliegende begehrte Fettkohle zu gelangen. Die Rekordfördermenge betrug 1927 mit 6367 Beschäftigte über 1,6 Millionen Tonnen Kohle. Die 1927 an der Twentmannstraße erbaute Tageskaue, errichtet nach den Plänen des Essener Architekten Edmund Körner, wurde 1983 unter Denkmalschutz gestellt. Heute beherbergt die Zeche Helene das Zentrum für Sport und Freizeit, betrieben vom Essener Sportbund sowie das Dore Jacobs Berufskolleg.

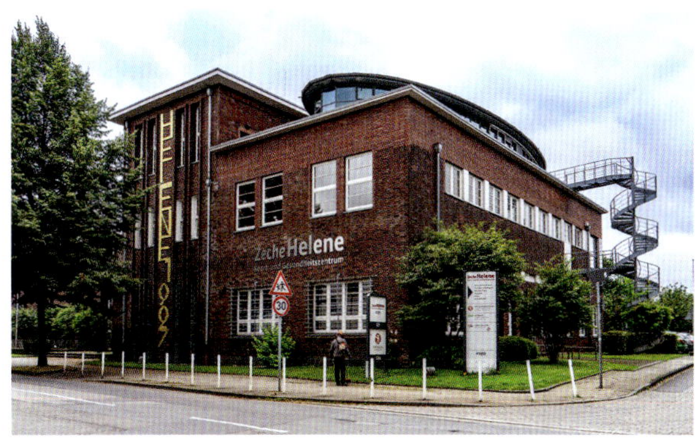

Wir treffen auf das Ensemble der ehemaligen Zeche Helene vom rückwärtigen Parkplatz aus, gehen am Berufskolleg vorbei, biegen rechts am Gebäude ab, um nach 30 Metern auf der gegenüberliegenden Straßenseite den Wiesenweg zu nehmen, der parallel zur Twentmannstraße verläuft. Nach 250 Metern überqueren wir an einer Ampelanlage die querende Straße, folgen der Twentmannstraße bis zum Ende und nehmen den ansteigenden Fußweg nach links, um auf den Helenendamm zu gelangen. Über eine Brücke überqueren wir die Köln-Mindener Eisenbahnstrecke.

Am Weg

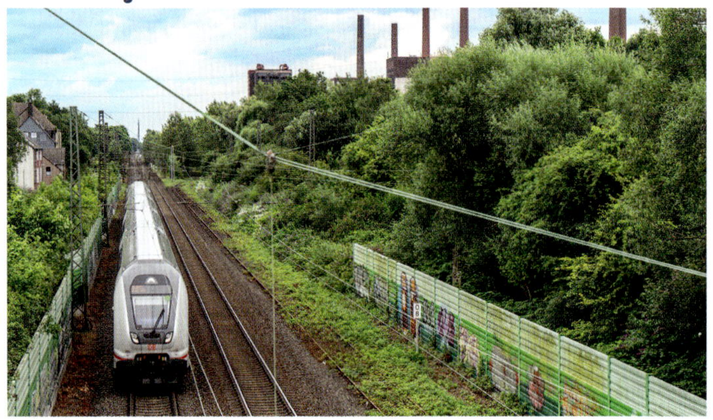

Köln-Mindener Eisenbahn

Zum zweiten Mal nach der Unterführung kurz vor dem Gelände der Zeche Zollverein überqueren wir auf unserer Route die ehemalige Bahnstrecke der Köln-Mindener Eisenbahn. Ein Stück Industriegeschichte, ohne die das Ruhrgebiet und Zollverein eine gänzlich andere Entwicklung genommen hätten. 1843 erhielt die Cöln-Mindener Eisenbahn-Gesellschaft (CME) die Konzession zum Bau einer Bahnstrecke, die Köln über das rheinisch-westfälische Industriegebiet an Minden anbinden sollte. In Minden erhielt die Strecke dann eine direkte Anbindung an Preußen und Berlin durch die Königlich Hannöversche Staatseisenbahn. Es standen zuerst zwei Trassen zur Diskussion, eine nördlich des Hellwegs und eine, die durch das Bergische Land führte. Aufgrund der zahlreichen Brücken, die die Trasse im Bergischen Land benötigt hätte und den damit verbundenen Kosten, wurde diese Strecke verworfen und die Trasse über Deutz, Düsseldorf, Duisburg,

Gelsenkirchen, Dortmund, Bielefeld bis nach Minden gewählt. 1847 wurde die 263 Kilometer lange Strecke schließlich in Gänze befahrbar und sollte für die Entwicklung des Bergbaus enorme Wirkung habe. Für die zahlreichen Bergwerke im Ruhrgebiet war die Köln-Mindener Eisenbahntrasse das Lebenselixier, wurden doch über deren Verladehöfe die Kohle nach Preußen transportiert. Dazu wurden eigene Zubringer zu den Verteilerbahnhöfen entlang der Strecke gebaut. Dies ist der Grund, warum das Ruhrgebiet so viele Trassen hat, die in den vergangenen Jahren teils zu Fahrradwegen umfunktioniert wurden. Auch die Zeche Zollverein wurde in unmittelbarer Nähe zur Köln-Mindener Eisenbahn geplant, die Kokerei verläuft parallel zu Eisenbahnstrecke. Heute wird die Köln-Mindener Trasse hauptsächlich für den Güterverkehr und den regionalen Personenverkehr genutzt. Die heutige Anbindung mit dem Zug vom Ruhrgebiet nach Berlin erfolgt parallel zur Autobahn 40 und verbindet im Ruhrgebiet die Städte Duisburg, Essen, Bochum und Dortmund im ICE-Betrieb bis nach Hamm.

Nach der Brücke gehen wir hinunter zum Palmbuschweg, überqueren die Straße an einer Ampelanlage und finden gegenüberliegend nach wenigen Meter rechts den Eingang zum Kaiser-Wilhelm-Park in Altenessen.

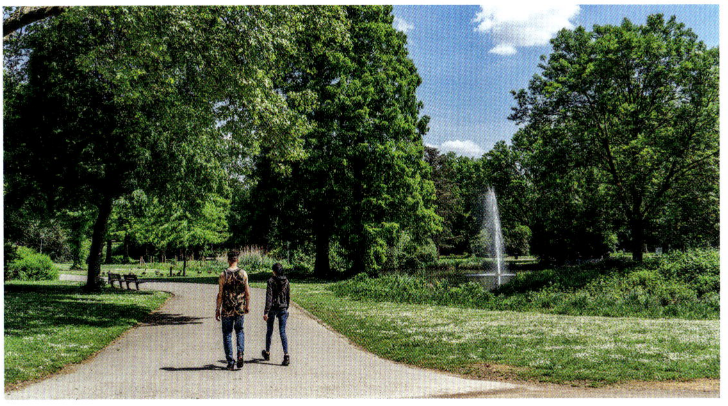

Auf ruhigen Wegen im Kaiser-Wilhelm-Park

Am Weg

Kaiser-Wilhelm-Park

Der Kaiser-Wilhelm-Park liegt im Stadtteil Altenessen-Süd und seine Fläche beträgt fast zehn Hektar. Der Park wurde 1897 anlässlich des 100. Geburtstags Kaisers Wilhelm I. eröffnet und nach ihm benannt. Er sollte der Erholung des stark industriell geprägten Stadtteils und seiner Bevölkerung dienen. Zur Eröffnung wurde zu Ehren des Kaisers eine „Kaisereiche“ gepflanzt, die im Zweiten Weltkrieg dem Brennholzmangel zum Opfer fiel. An gleicher Stelle fand später eine neue „Kaisereiche“ ihren Platz. Der Park erfuhr zahlreiche Umgestaltungen, Anfang des 20. Jahrhunderts kamen ein Tanzhaus und der Kahnteich mit einer Fontäne dazu sowie eine Roseninsel mit Tennisplätzen und ein Bootsverleih. Auch gab es in früheren Zeiten ein Tiergehege mit Vögeln und Affen. Die letzte Modernisierung erhielt der Park 2020/21. Der ehemalige Fußgängertunnel vom Graitengraben in den Park wurde als Angstraum abgebaut, Spielplätze erneuert, Aufenthaltsbereiche mit Parkbänken geschaffen, und so zeigt sich der Kaiser-Wilhelm-Park auch nach über 120 Jahren als sehr gepflegte Anlage und Aushängeschild im Essener Norden.

Wir gehen den Weg hinauf, an einer Gabelung nehmen wir den linken Abzweig, der uns an einem Teich vorbei zu einem breiten Weg führt. Dort halten wir uns leicht rechts und entdecken auf der rechten Seite ein Backsteingebäude vor einem betonierten Platz und finden dort das Mahnmal zu Ehren Chester Bennington.

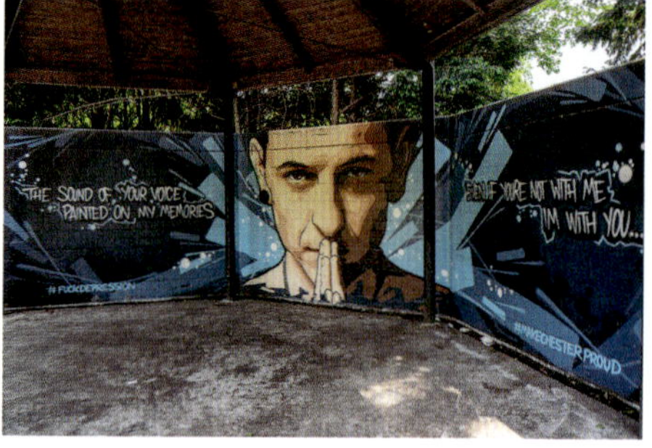

Am Weg

Chester´s Wall

Kurz nach dem Selbstmord von Chester Bennington (1976–2017), dem charismatischen Sänger der Gruppe Linkin Park, hatte der Essener Graffitikünstler David Landgraf ein überlebensgroßes Porträt des Musikers an eine Mauer in Essen-Altendorf gesprayt. Schnell wurde das Graffiti ein Wallfahrtsort für Fans des Sängers. Durch das Neubauprojekt Essen 51 musste die Mauer abgerissen werden, ein Verlust für viele Fans. Diese wandten sich an das Büro des Oberbürgermeisters und es wurde ein Ort gesucht, an dem dieses Mahnmal langfristig bleiben konnte. So wurde dieser Pavillon nun Heimatstätte des neuen Wandbilds. Erneut schuf der Künstler David Landgraf ein Porträt und eine Gedenktafel erinnert an den Sänger und seine Krankheit, die zum Tode führte: Depression. Das Porträt zitiert auch eine Zeile aus dem Song „With You“:
„The sound of your voice painted on my memories. Even if you're not with me, I'm with you.“

Wir gehen an dem Gebäude vorbei, kommen auf einen breiten, asphaltierten Weg und folgen diesem nach links in nördliche Richtung. Nach 200 Meter gehen wir den ersten Weg rechts hinauf zur Bahntrasse und folgen dem Weg nach links vorbei am Leibnitz-Gymnasium und dem Sportplatz von TuS Altenessen 1919 e. V., der uns zur Zeche Carl bringen wird. Wir überqueren die Stauderstraße, laufen kurz nach rechts, um dann unmittelbar nach links zu gehen. 100 Meter weiter führt ein Schotterweg nach links und nach weiteren 75 Metern biegen wir wiederum links ab. Nach 120 Metern sehen wir auf der rechten Seite das Ensemble der Zeche Carl. Wir gehen nach rechts und sofort nach links und folgen dem Weg an der Zeche vorbei bis zur Wilhelm-Nieswand-Allee.

Am Weg

Zeche Carl

Die Geschichte der Zeche Carl wäre eigentlich schnell erzählt, wenn sich nicht 1978 die „Initiative Zentrum Zeche Carl e. V." um den evangelischen Pfarrer Willi Overbeck gegründet hätte. Doch der Reihe nach. Im Jahr 1855 wurde mit dem Teufen in Altenessen unter dem Name Zeche Hercules begonnen. Schon in der Gründerzeit erhielt die Zeche den stilprägenden Malakowturm mit zwei Maschinenhaustürmen und ging 1861 nach dem Erwerb von Friedrich Grillo dann unter dem Namen Zeche Carl in Betrieb. Bis zur Mitte des 19. Jahrhunderts wurden Fördertürme gemauert und sahen ein wenig wir Burgen aus. Nach dem Fort Malakow auf der Krim wurden die Fördertürme dieser Bauweise fortan Malakowtürme genannt. Erst später konnten die aus Stahl hergestellten filigraneren Seilscheibengerüste technisch hergestellt werden und lösten die gemauerten Türme ab. Auch die Zeche Carl erhielt 1899 eine derartige Konstruktion, die aber nach der Schließung abgebaut wurde. So ist der Malakowturm heute einer der wenigen erhaltenen seiner Art im Ruhrgebiet und ein besonderes Zeugnis der Baukultur. Neben der Zeche gab es ab dem Jahr 1883 auch eine Kokerei. Schon 1928 musste die Zeche Carl schließen, die Kokerei folgte 1931 und wurde fortan bis zur endgültigen Schließung 1970 nur noch als Wetterschacht der benachbarten Zeche Emil genutzt. Das noch heute erhaltene Ensemble bestehend aus dem Malakowturm nebst den zweigeschossigen Maschinenhäusern, dem Casino mit Verwaltung und Kaue, dem Fördermaschinenhaus und der Kesselanlage sollte abgerissen und einer städtischen Wohnbebauung zum Opfer fallen. Dank der vorgenannten Initiative und deren Konzeption erfolgte einer der ersten Neu-Nutzungen von Zechen, einem Prinzip, das schließlich in der Zeit der IBA Emscher Park (1998–1999) salonfähig wurde. Die Zeche Carl wurde als ein Ort der Kultur, Begegnung und Kommunikation weit über den Stadtteil Altenessen hinaus bekannt. So haben auf der Bühne der Zeche Carl unzählige Künstler gestanden. Von diesen Bühnenbrettern und noch immer hier probend startete die Band „Kreator", Wegbereiter des Trash-Metalls, ihre Weltkarriere. Nach wie vor ist die Zeche Carl ein bedeutender Ort der Begegnung und Kunst.
www.zechecarl.de

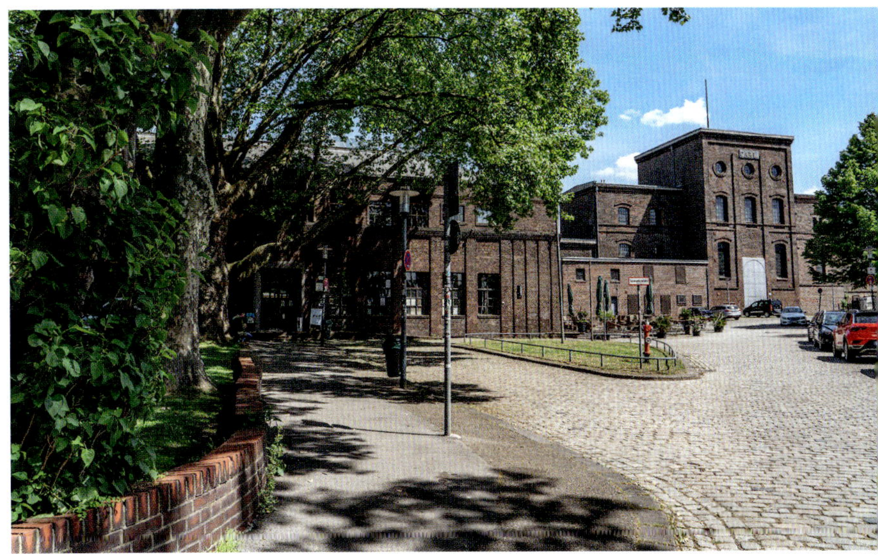

Die Zeche Carl mit dem markanten Malakowturm ist heute ein Kunst- und Kulturzentrum.

Wir überqueren die Wilhelm-Nieswand-Allee an der Ampel und gehen direkt an der Brücke nach links. Keine 75 Meter weiter stehen wir vor dem Abgang zur U-Bahnhaltestelle Altenessen-Mitte. Wer mit dem Bus fahren will, geht an der Altenessener Straße nach links und findet nach 175 Metern diverse Haltestellen.

Gastronomie:

Bistro Schacht XII
Gelsenkirchener Straße 181
45309 Essen
Tel. 0201/27906000
www.bistro-schacht12.de

The Mine
Gelsenkirchener Straße 181
45309 Essen
Tel. 0201/36458704
www.the-mine.eu

Auf Carl gemeinnützige GmbH
Wilhelm-Nieswandt-Allee 100
45326 Essen
Tel. 0201/8344410

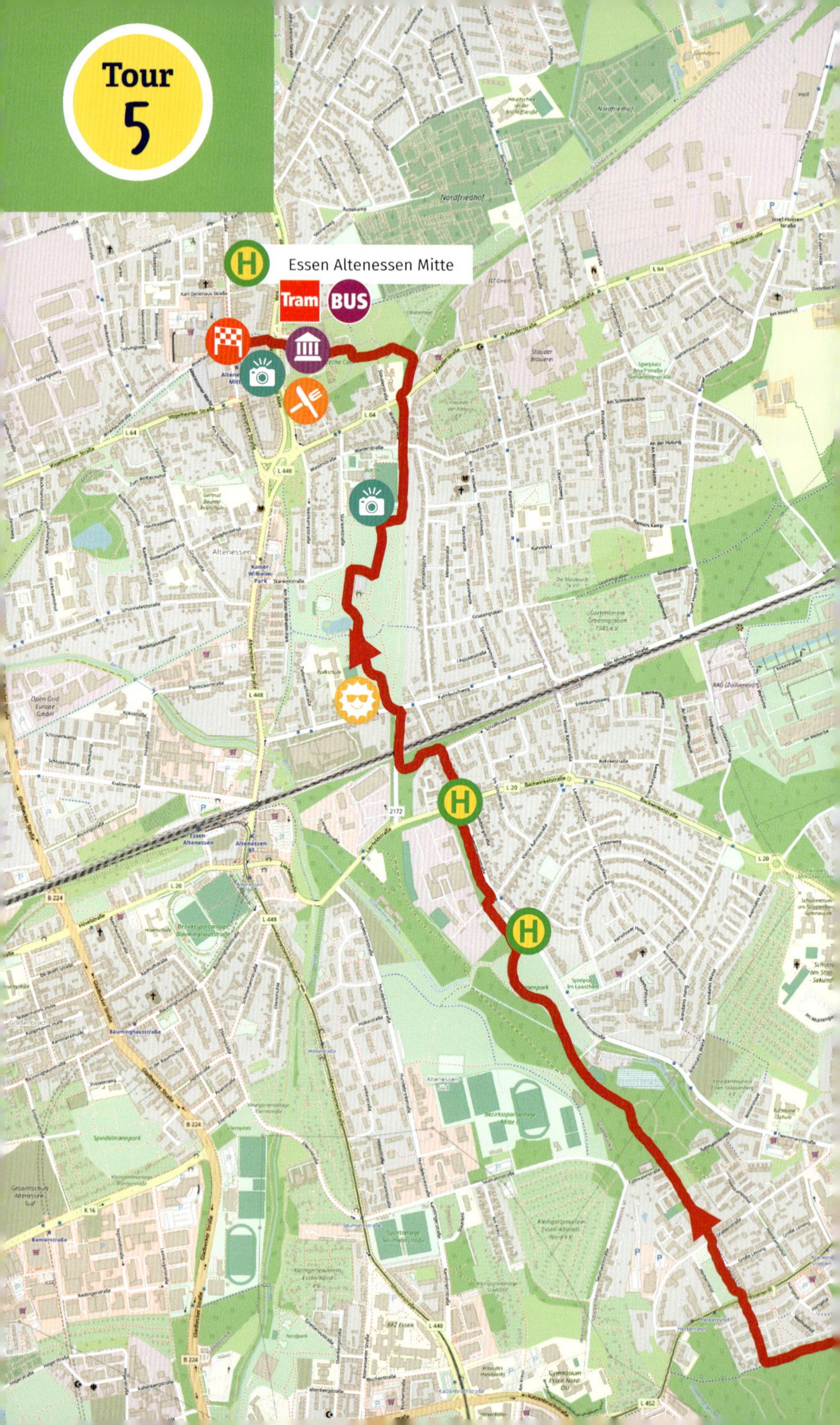

Tour 5
Essen Altenessen Mitte
Tram
BUS
Nordfriedhof
Altenessen
Stauder Brauerei
Essen-Altenessen
Bezirkssportanlage Mitte
Altenessen Süd
Spindelmannpark
Gesamtschule Altenessen Süd
Kaiser-Wilhelm-Park
Open Grid Europe GmbH
RAG (Zollverein)
Gymnasium Essen Nord-Ost

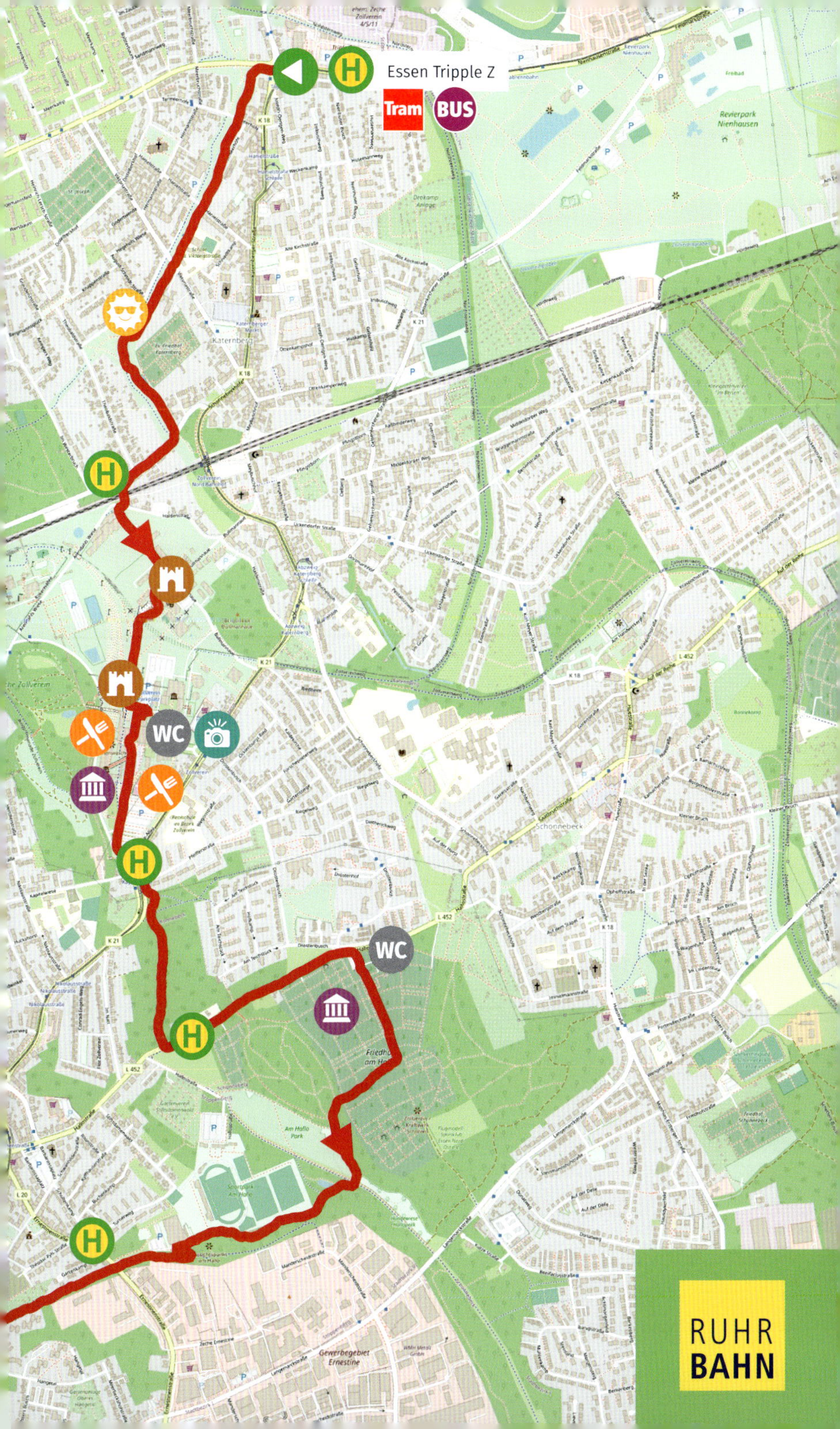
Essen Tripple Z
Tram
BUS
WC
WC
RUHR
BAHN

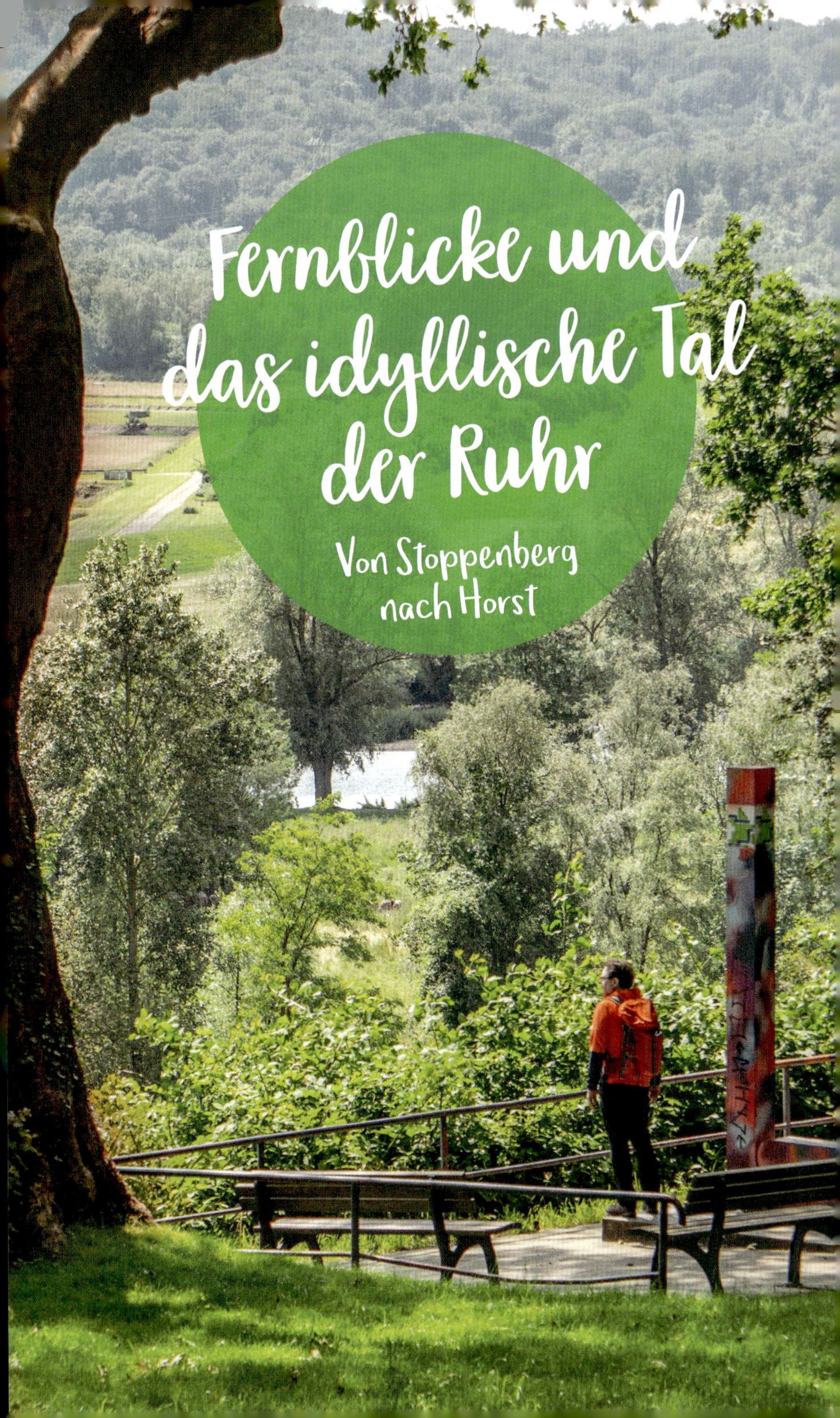
Fernblicke und
das idyllische Tal
der Ruhr
Von Stoppenberg
nach Horst

Mit der Wanderung von Stoppenberg nach Horst gehen wir vom Essener Norden in den Süden, finden unterwegs Ruhe bei der Durchwanderung des größten Friedhofs Essens, den Parkfriedhof. Spektakuläre Fernblicke gewährt uns die Aussicht vom Steeler Stadtgarten ins Ruhrtal und auf die Ruhrhalbinsel, eher die Wanderung gemächlich am Fluss ausklingt.

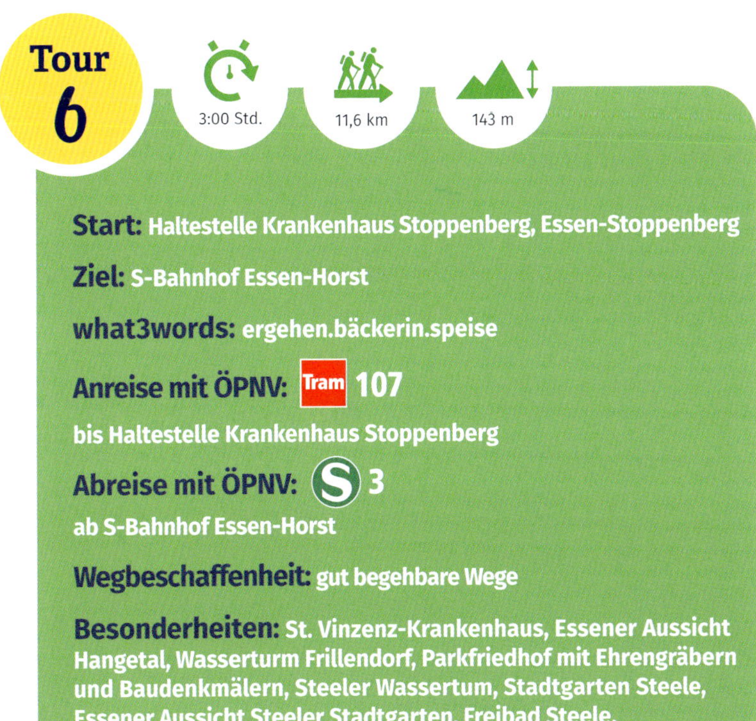

Wegbeschreibung: Wir steigen an der Haltestelle der Linie 107 aus und erblicken auf der anderen Straßenseite das ehemalige Krankenhaus St. Vincenz.

Am Weg

St. Vincenz-Krankenhaus

Das Krankenhaus wurde 1881 gegründet, um die zusehend wachsenden Unfallverletzten und Lungengeschädigten aus dem Essener Bergbau zu versorgen. Nach fast 140 Jahren in Betrieb, wurde das Krankenhaus 2020 geschlossen. Nach der Schließung wurden die Fachabteilungen in das Krankenhaus Philippusstift in Essen-Borbeck verlegt. Das Gesundheitszentrum St. Vincenz nutzt nun das Krankenhaus zur stationären allgemeinmedizinischen Versorgung sowie für ambulante Operationen. Auch niedergelassene Ärzte haben im ehemaligen Krankenhaus Räume bezogen.

Auf dem Bürgersteig gehen wir in Richtung St. Vincenz-Krankenhaus und nach nicht mal 50 Metern biegen wir rechts in den roten Fußweg ab, dem wir 300 Meter geradeaus folgen. An der kommenden Einmündung halten wir uns links, gehen durch die Unterführung und dann die Straße Im Hangetal 100 Meter bergauf, um rechts in einen Waldweg abzubiegen. Nach weiteren 100 Metern nehmen wir den rechten Waldweg, der uns – wir bleiben trotz aller folgenden Abzweigungen immer auf dem Weg geradeaus – 300 Meter weiter zu einer Lichtung mit der Essener Aussicht Hangetal führt.

Am Weg

Essener Aussicht Hangetal

Der Aussichtspunkt steht auf einer Schutthalde – also keine vom Bergbau verantwortete Aufschüttung – die nach der Fertigstellung bepflanzt wurde. Der Aussichtspunkt befindet sich nahe der Essener Innenstadt und zeigt Essens Stadtsilhouette aus einem besonderen Blickwinkel.

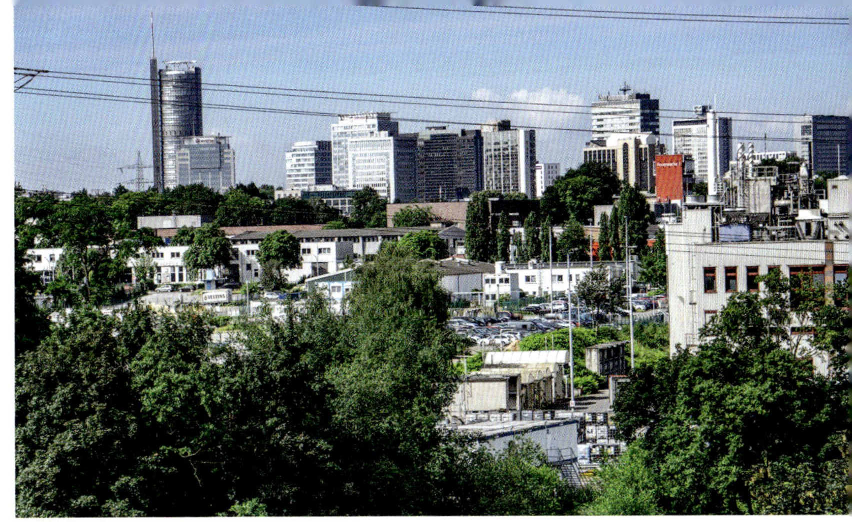

Im Vordergrund sieht man den größten Essener Industriebetrieb, das 32 Hektar große Chemiewerk der Evonik AG, das seit 1899 an diesem Standort besteht. Im Zentrum sind das markante Essener Rathaus und im Hintergrund der Fernsehturm zu sehen, davor die Hauptfeuerwache Mitte, links das Evonik Hauptquartier mit dem RWE-Turm. Die markante Kirche rechts neben dem Rathaus ist die Essener Kreuzeskirche, sie wird sowohl von der evangelischen Gemeinde für Gottesdienste als auch als Eventlocation genutzt. Rechts vollenden die Gebäude der Universität Essen-Duisburg die Aussicht. Essen weist übrigens nach Frankfurt die zweithöchste Hochhausbebauung im Innenstadtbereich auf hat. Ergo: „You are looking at downtown city of Essen".

Wir gehen zurück zum Weg und bleiben auf diesem, bis wir eine Siedlung erreichen. Dort biegen wir rechts ab und nach 75 Metern schwenken wir links auf den Helfenbergweg ein. Auf dem rechten Bürgersteig bleiben wir für knapp 400 Meter und nehmen dann einen Trampelpfad nach rechts, der uns auf die Ernestinenstraße führt. Unterwegs lohnt es sich, bei der zweiten Querstraße auf das Straßenschild zu achten: Glückaufstraße. Manchmal können Wohnadressen einfach nur schön sein. Die kommenden 1,2 Kilometer sind nicht das Highlight der Route, gehen wir doch auf dem Bürgersteig der viel befahrenen Ernestinenstraße hinauf, bis wir auf die Frillendorfer Straße treffen.

Am Weg

Frillendorfer Wasserturm

Der Wasserturm wurde 1925 nach Plänen des Essener Architekten Prof. Edmund Körner errichtet. Der zylindrische Bau aus Ziegelmauerwerk mit seinen strahlenförmig angeordneten, spitzwinkeligen Aussteifungsrippen ist dem Backsteinexpressionismus der 1920er-Jahre zuzuordnen. Der Wasserturm diente damals und noch heute mit seinen 2000 Kubikmeter Fassungsvermögen als Ausgleichsbehälter für den Wasserdruck und zur Deckung des Wasserbedarfs in Spitzenzeiten. Der Wasserturm steht seit 1985 unter Denkmalschutz.

Wir überqueren an einer Ampelanlage die Frillendorfer Straße und gehen am Supermarkt vorbei geradeaus in den Wisthoffweg. Am Ende des Wegs laufen wir parallel der Lärmschutzwand, und einige Meter weiter nehmen wir rechts den geschwungenen Aufgang zur Fußgängerbrücke, die uns am Dreieck Essen-Ost über die Autobahnen 40 und 52 bringt. Am Ende der Brücke geht es schräg rechts, leicht bergab in die Straße Feldhauskamp. Nach der folgenden Rechtskurve biegen wir links ab, die Straße wird später zu einem breiten Fußweg. Im Tal angekommen und knapp 30 Meter weiter gehen wir nach rechts und keine zehn Meter weiter nach links, ein Eingangsschild führt uns zu Essens größtem Friedhof, den Parkfriedhof.

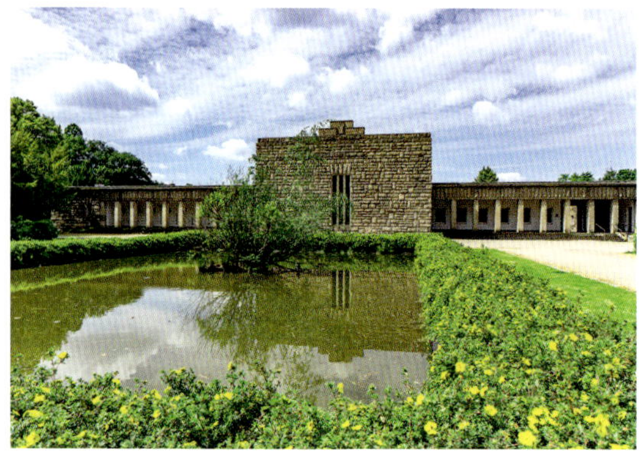

Trauerhalle auf dem Parkfriedhof

Am Weg

Parkfriedhof

Der Parkfriedhof in Essen-Hultrop ist mit 40,46 Hektar der größte Friedhof in Essen. Geplant wurde er von dem Architekten und Essener Beigeordneten Ernst Bode. Die Anlage besteht aus einem alten und einem neuen Teil, die jeweils mit einer Trauerhalle versehen sind. Die alte Trauerhalle, teils in konservativen Stil, teils im modernen Stil der 1920er Jahre entworfen, wurde genauso wie das Gesamtareal 1989 in die Denkmalliste der Stadt Essen aufgenommen. Auf vier Grabfeldern liegen insgesamt 2045 Opfer des Zweiten Weltkriegs, zwei Ehrengräber gibt es auf dem Friedhof, die des Oberbürgermeisters und späteren Bundespräsidenten Gustav Heinemann und der Stifterin Claire Hennes.

An der ersten Gabelung gehen wir nach rechts und wandern auf dem Weg circa 250 Meter bergauf und sehen links das Ehrengrab von Gustav Heinemann. In den Jahren 1946 bis 1949 war Heinemann Oberbürgermeister der Stadt Essen, bevor der 1969 zum dritten Bundespräsidenten der Bundesrepublik Deutschland ernannt wurde. Wir wandern weiter bergauf und verlassen den Weg nicht mehr, bis wir zur Trauerhalle am Haupteingang und damit zum alten Teil des Parkfriedhofs kommen. Im rechten Flügel befindet sich auch eine öffentliche Toilettenanlage. Wir passieren einen Teich und gehen die breite, beschotterte Magistrale hinab zu einem Rondel.

Am Weg

Grabmal der Familie Goldkuhle

Das imposante Grabmal der Bildhauerfamilie Goldkuhle wurde 1932 für die mit 17 Jahren verstorbene Tochter errichtet. Die Grabstätte ist seit 2018 als Denkmal gelistet, denn es ist ein eindrucksvolles Zeugnis der christlichen Trauer- und Begräbniskultur des Ruhrgebiets zu Zeiten der Weimarer Republik.

Wir verlassen das Rondel auf 3 Uhr und gehen hinab. An der nächsten Kreuzung lohnt es sich, nach rechts und links zu schauen, zu beiden Seiten ist eine wunderschöne Zypressen-Allee zu sehen. Wir gehen weitere 70 Meter bergab und biegen nach links und sehen keine 10 Meter weiter rechts ein besonderes Gemeinschaftsgrab.

Am Weg

Gemeinschaftsgrab der Familien Schmidt und Imhoff

Das Gemeinschaftsgrab ist die letzte Ruhrstätte zwei der wichtigsten Persönlichkeiten der Stadtgeschichte: Robert Schmidt und Karl Imhoff. Robert Schmidt (1869–1934) war von Hause aus Bauingenieur, Stadtplaner und von 1906 bis 1920 erster technischer Beigeordneter der Stadt Essen. Er plante mit dem Architekten Georg Metzendorf die Siedlung Margarethenhöhe und war auch für die Planung des Moltkeviertels zuständig. Später wurde er Gründungsdirektor des Siedlungsverbands Ruhrkohlenbezirk, dem späteren Regionalverband Ruhr (RVR). Schmidt war insbesondere für die Grünplanung der Stadt Essen verantwortlich und legte den Grundstein, auf den alle weiteren Bestrebungen der Grünplanung aufbauten.

Karl Imhoff (1876–1965), ebenfalls Ingenieur, machte sich vor allem als Pionier der Abwassertechnik einen Namen. Das von ihm entwickelte Absatzbecken, der sogenannten Imhoff-Tank, war Vorbild für den Betrieb von Kläranlagen. Imhoff war Baudirektor und später Geschäftsführer des 1913 neu gegründeten Ruhrverbands. Er verantwortete das Ruhrreinhaltungsgesetz und unter seiner Ägide wurden die fünf Ruhr-Stauseen geplant, der sechste Stausee, der Kemnader See, wurde erst 1979 fertiggestellt. So ruhen hier zwei Persönlichkeiten, die in frühen 20. Jahrhundert die Grundlagen in der Grün-, Wasser- und Abwasserplanung legten, von denen Essen heute noch profitiert.

Wir folgen dem schmalen Trampelpfad, der am Grab vorbei hinunter zu den Bäumen führt, folgen diesem nach links und an der nächsten Gabelung nach rechts. Nach nicht einmal 100 Metern gehen wir rechts ein paar Stufen hinab zu einer großen Wiese. Diese überqueren wir und laufen schräg links auf den gegenüberliegenden Weg. Auf diesem gehen wir nach rechts, und nach rund 100 Metern stoßen wir auf einen breiten Weg, dem wir nach links folgen und der uns zum neuen Teil des Parkfriedhofs bringt. Dort angekommen sehen wir auf der rechten Seite eines von vier Kriegsgrabfeldern, hier ruhen 213 sowjetische Bürger, die in den Kriegsjahren 1941 bis 1945 in der Gefangenschaft verstarben. Wir bleiben geradeaus auf dem Asphaltweg, der uns 300 Meter weiter in westliche Richtung zur Trauerhalle bringt. Unterwegs sehen wir auf der rechten Seite am Rande des Friedhofs ein yezidisches Grabfeld.

Für rund 400 Meter folgen wir dem Weg, der an der Trauerhalle entlangführt, und sehen unterwegs auf der rechten Seite den Memoriam-Garten. Hier werden neue Begräbnisformen realisiert. Ein Schild informiert über die Details.

Wir erreichen den Randweg des Friedhofs, gehen für nicht mal 60 Meter nach links und verlassen den Friedhof nach rechts. Wir kommen zu einer Kreuzung, hier gehen wir scharf nach rechts und erreichen die Tamperestraße, der wir für 300 Meter folgen. An der Ampel kreuzen wir die Steeler Straße und gehen in die Straße Am Stadtgarten, bis wir auf den Laurentiusweg treffen. In Sichtweite befindet sich schon der Wasserturm Essen-Steele.

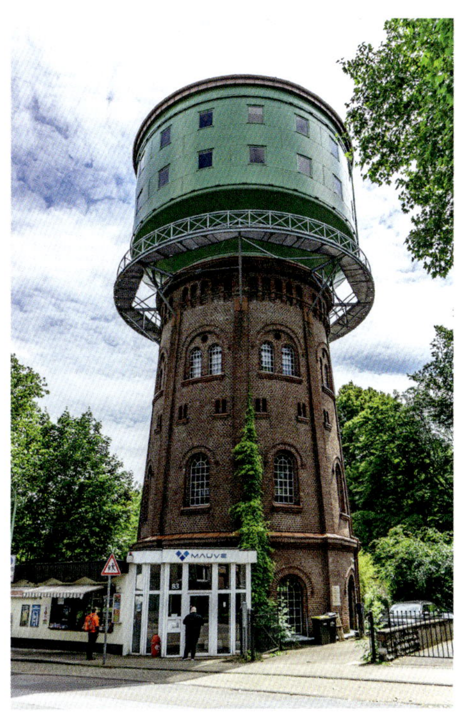

Am Weg

Wasserturm Essen-Steele

Der Wasserturm-Steele steht an der höchsten Stelle der einst selbstständigen Stadt Steele und des heutigen Stadtteils. Er wurde am 1. Mai 1898 eröffnet und nun konnte die Wasserversorgung Steeles und sogar der Nachbargemeinden Frillendorf, Schonnebeck und Stoppenberg garantiert werden. Der dreigeschossige, aus Ziegelstein gemauerte, mit einem aus Stahlblech versehene Wasserbehälter hatte ein Fassungsvermögen von 1000 Kubikmeter. Durch die Neuordnung der Wasserversorgung in Essen wurde der Turm in den 1980er-Jahren überflüssig und stillgelegt. 1984 wurde er verkauft und 1987 unter Denkmalschutz gestellt. Heute beherbergt der Wasserturm eine Softwarefirma.

Trinkhalle Laurentius Kiosk

Es lohnt sich, die paar Schritte zum Laurentius Kiosk zu gehen. Mit diesem Kiosk wollen wir das Immaterielle Kulturerbe des Landes NRW feiern, die Trinkhallenkultur des Ruhrgebiets. Seit 2020 sind diese Büdchen ins Kulturerbe aufgenommen und hier sehen wir ein sehr gelungenes Beispiel. Ob Eis, Kaffee, Getränke oder eine Tüte Gemischtes … Nehmen Sie sich bei Ihrer Wanderung ein Beispiel an uns: Wir haben uns ein Eis und einen Kaffee gegönnt. Bedenken Sie: Es ist das letzte Büdchen auf der Tour.

Wir setzen unsere Tour fort und wandern in die gegenüberliegende Straße Am Stadtgarten. Wir bleiben auf dem Bürgersteig, bis wir zum Parkplatz der Restauration Stadtgarten kommen. Diese wird nur noch für Privatfeiern oder Firmenfeiern genutzt. Wir überqueren den Parkplatz, und am Ende nehmen wir den Weg nach rechts, der uns zu einem Spielplatz führt. Wir gehen oberhalb an ihm vorbei und sehen schon die Essener Aussicht Steeler Stadtgarten. Es lohnt sich, dort hinzugehen und eventuell an den Bänken eine kleine Rast einzulegen.

Am Weg

Essener Aussicht Steeler Stadtgarten

Der Steeler Stadtgarten ist nach dem Stadtgarten im Südviertel der zweitälteste öffentlich zugänglich Park in Essen. Am 1. Juni 1911 wurde der 4,2 Hektar große Park samt Restauration für die Öffentlichkeit zugänglich gemacht, und seit 2019 ist die historische Parkanlage ein Denkmal. Der Park liegt circa 40 Meter oberhalb der Ruhr und die Essener Aussicht gewährt einen Blick hinab ins Tal sowie auf den gegenüberliegenden Stadtteil Überruhr. Flussabwärts blicken wir auf das Spillenburger Wehr, dort werden jährlich 50 Millionen Kubikmeter Trinkwasser gewonnen, direkt unterhalb der Aussicht sehen wir das öffentliche Freibad Steele, unser nächstes Ziel.

Wir gehen vom Aussichtspunkt den Weg zurück und nehmen direkt den ersten Weg links, der uns hinab zur Westfalenstraße führt. Dort überqueren wir die Straße an der Ampelanlage und nach 25 Meter nehmen wir den Verbindungsweg zum Ruhruferweg. Wir kommen direkt am Freibad Steele aus.

Am Weg

Freibad Steele

Das Freibad Steele ist das kleinste Freibad in Essen. Mit seinem 25 mal 8 Meter großen Schwimmbad und der Liegewiese direkt an der Ruhr bietet das Freibad Erholung nach dem Motto: Klein, aber fein. Das Freibad ist verpachtet an den SV Steele 1911 und erfreut sich seit 1945 großer Beliebtheit.
www.essenerbaeder.de/freibad-steele

Wir flanieren nach links über den Steeler Uferweg zur Kurt-Schumacher-Brücke. Nach einem halben Kilometer erreichen wir die Brücke, gehen nach rechts, ohne die Straße zu überqueren, bleiben auf dem Bürgersteig und folgen dem Weg geradeaus, der uns

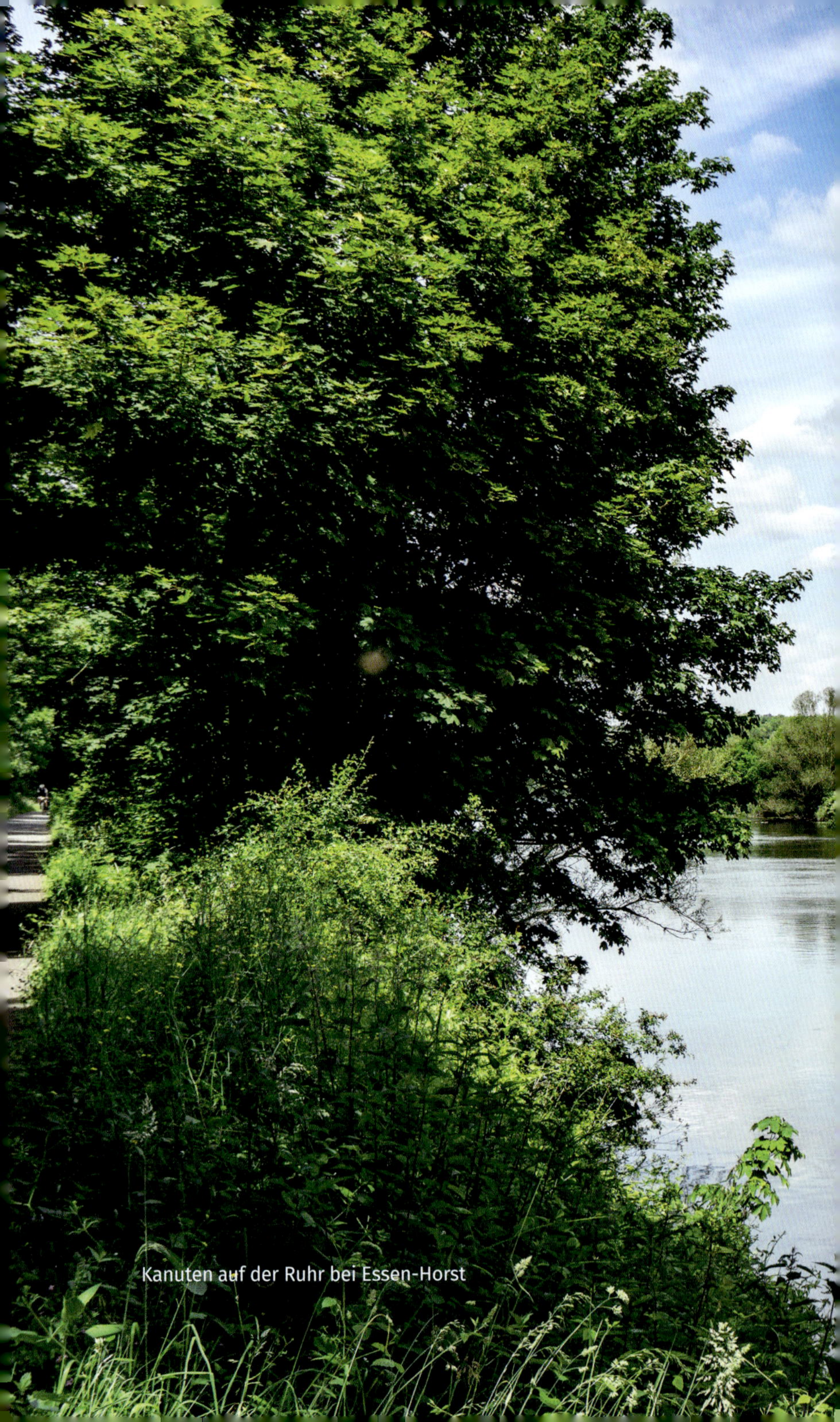

Kanuten auf der Ruhr bei Essen-Horst

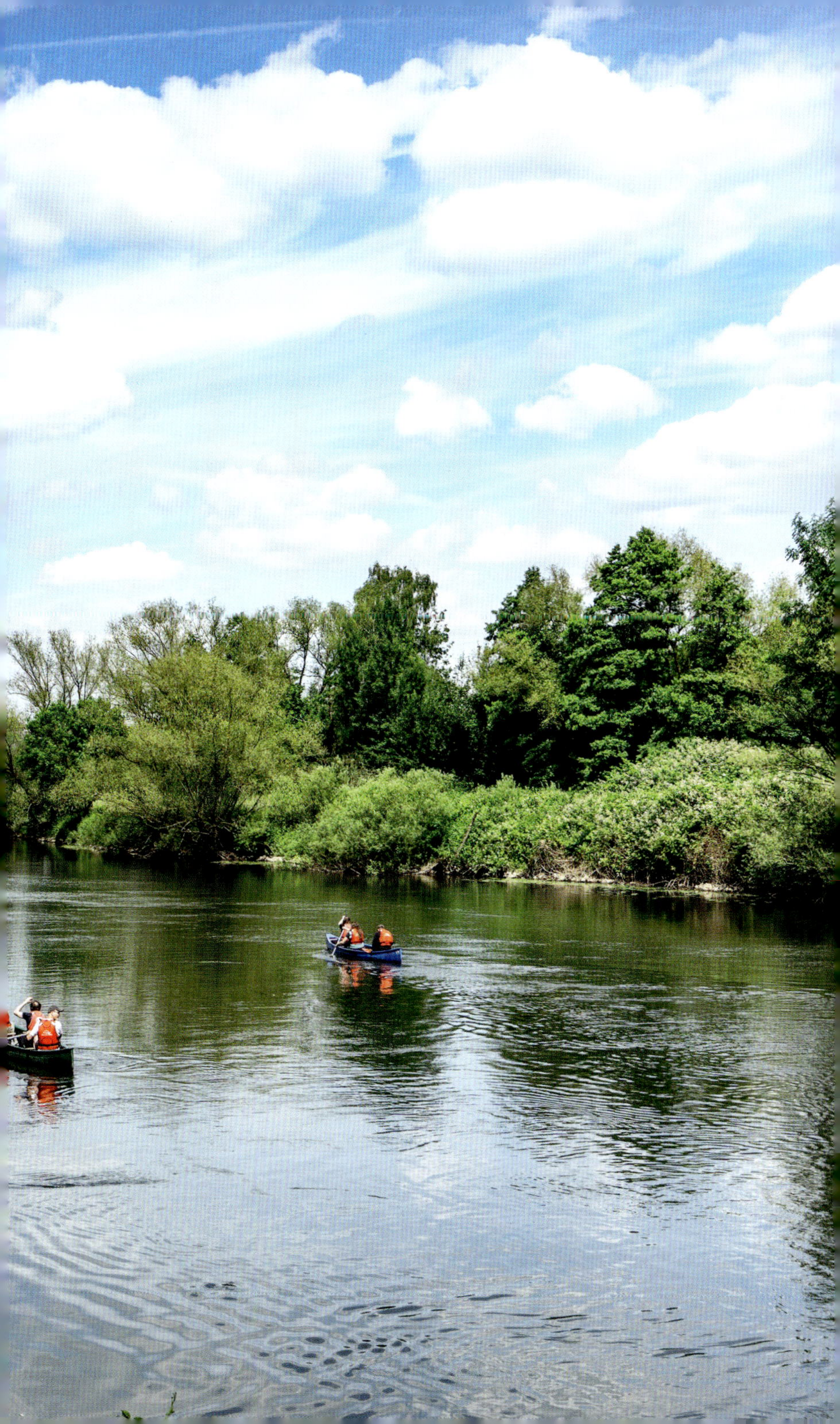

zehn Meter weiter zu einer Wegekreuzung bringt. Wir nehmen den Schotterweg geradeaus, unterqueren die Eisenbahnbrücke und kommen nach 400 Metern an eine Kreuzung. An der Ampelanlagen gehen wir rechts auf die gegenüberliegende Straßenseite. Dort befindet sich die Eventlocation „la Cave“, danach biegen wir rechts in die Straße Drehscheibe ab. 450 Meter weiter geradeaus, bevor der Weg ansteigt, wenden wir uns nach links und folgen dem schmalen Weg, der uns zum Uferweg der Ruhr bringt. Dort gehen wir nach rechts auf den kombinierten Rad- und Fußweg und bleiben ihm für 1,3 Kilometer treu. Unterwegs sehen wir rechts den Holteyer Hafen und 100 Meter weiter die Felder der Trinkwassergewinnung.

Am Weg

Holteyer Stadthafen

Der Hafen, so klärt ein Schild der „Route der Industriekultur“ auf, ist ein Sicherheitshafen für die Ruhrschifffahrt. Genutzt wurde der Hafen ab 1838, falls Unwetter, Niedrig- oder Hochwasser sowie Eisgang – ja das scheint es in der Ruhr mal gegeben zu haben – eine Befahrung des Flusses unmöglich machte. Schon 1880 wurde der Hafen wieder aufgegeben, da sich die Schifffahrt für den Transport von Gütern nicht mehr lohnte und stattdessen auf die Eisenbahn gesetzt wurde. Der Hafen ist von der Brücke nur bedingt einsehbar, aber zeigt uns immer wieder, wie sehr der für uns heute so idyllische Fluss früher ein industriell genutztes Gewässer war. Ein paar Meter weiter finden wir die letzten noch erhaltenen Reste des historisch gepflasterten Leinpfads, der als Treidelpfad ab 1780 dafür sorgte, dass die Ruhr schiffbar war und Arbeitspferde auf diesem Pfad die Schiffe stromaufwärts zogen.

Trinkwasseraufbereitung Ruhrauen

Das hier aus der Ruhr gewonnene Trinkwasser gilt als eines der besten Trinkwasser Deutschlands, das aus Oberflächenwasser gewonnen wird. Es versorgt neben Essen auch die Städte Bochum, Gelsenkirchen, Hattingen, Herne, Sprockhövel und Velbert-Langenberg. Das seit Mitte des 19. Jahrhunderts existierende Pumpwerk und der 2016 zu einem Verbundwasserwerk ausgebaute Betrieb, gilt noch immer als einer der modernsten und größten Trinkwasserlieferanten in Europa. In einem mehrstufigen Verfahren durchläuft das Wasser zahlreiche Filteranlagen unter anderem auch einen Korn-Aktivkohle-Filter, den größten seiner Art in Deutschland. Ein Gramm dieses Korns hat eine innere Oberfläche von 1000 Quadratmetern oder anders formuliert, das Wasser durchläuft in Essen umgerechnet die zweifache Fläche Deutschlands in diesem Filter. Sehr viel Technik in dieser für den Wanderer nur als weite Fläche sichtbaren Landschaft.

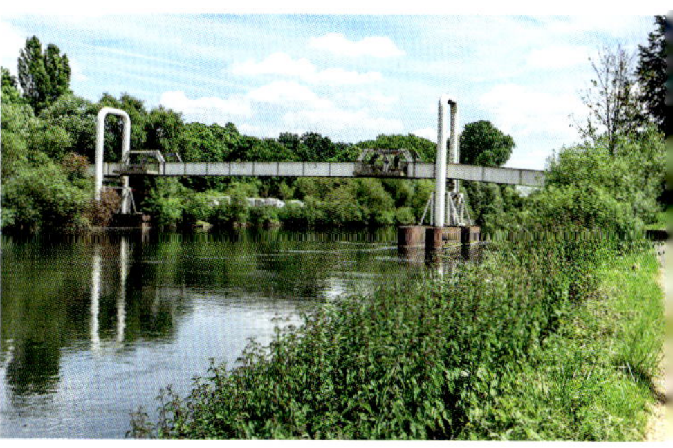

Wir gehen rechts zur Schwimmbrücke Holtey hinauf und überqueren an dieser Stelle die Ruhr. Auf der anderen Flussseite können wir im Haus Großkung einkehren. Andernfalls gehen wir rechts die Straße In der Lake hoch, lassen den Campingplatz rechts liegen und nach guten 100 Metern biegen wir links in die Horster Straße ein, um an der nächsten Möglichkeit rechts in die Beulenstraße einzubiegen Am Ende der Straße gehen wir nach rechts und sehen schon auf der linken Seite den Zugang zum S-Bahnhof. Wer Richtung Essen fahren will, muss durch die Unterführung zur anderen Seite wechseln. Falls wir länger auf die Bahn warten müssen, lädt der Spielplatz Ruhrterrassen direkt zu Fuße des Bahnhofs dazu ein, die Wartezeit spielend zu verbringen.

Gastronomie:

Capobianco Al Fiume
Grendtor 40
45276 Essen
Tel. 0201/4691778
www.alfiume-capobianco.de

Laurentius Kiosk
Laurentiusweg 83
45276 Essen

Haus Großjung
In der Lake 20
45279 Essen
Tel. 0157/39400314
https://hausgrossjung.de

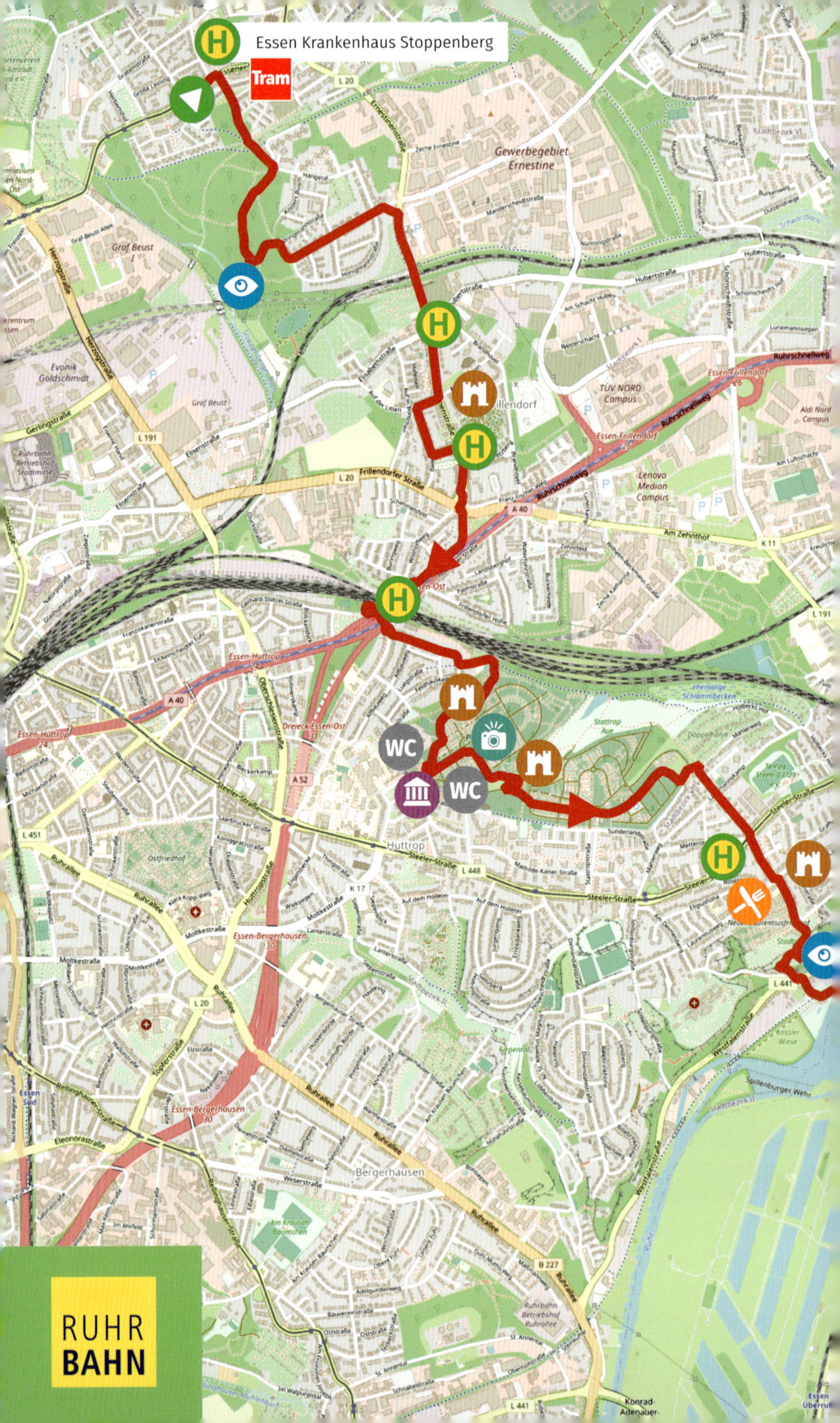

Essen Krankenhaus Stoppenberg
Tram
Gewerbegebiet Ernestine
Graf Beust
Evonik Goldschmidt
Frillendorf
TÜV NORD Campus
Lenovo Medion Campus
Aldi Nord Campus
Ruhrschnellweg
Frillendorfer Straße
Am Zehnthof
Herzogstraße
Gerlingstraße
Essen-Frillendorf
Essen-Huttrop
Dreieck Essen-Ost
WC
Huttrop
Steeler Straße
Ostfriedhof
Ruhrallee
Essen-Bergerhausen
Bergerhausen
Westfalenstraße
Spillenburger Wehr
Konrad-Adenauer-
RUHR BAHN

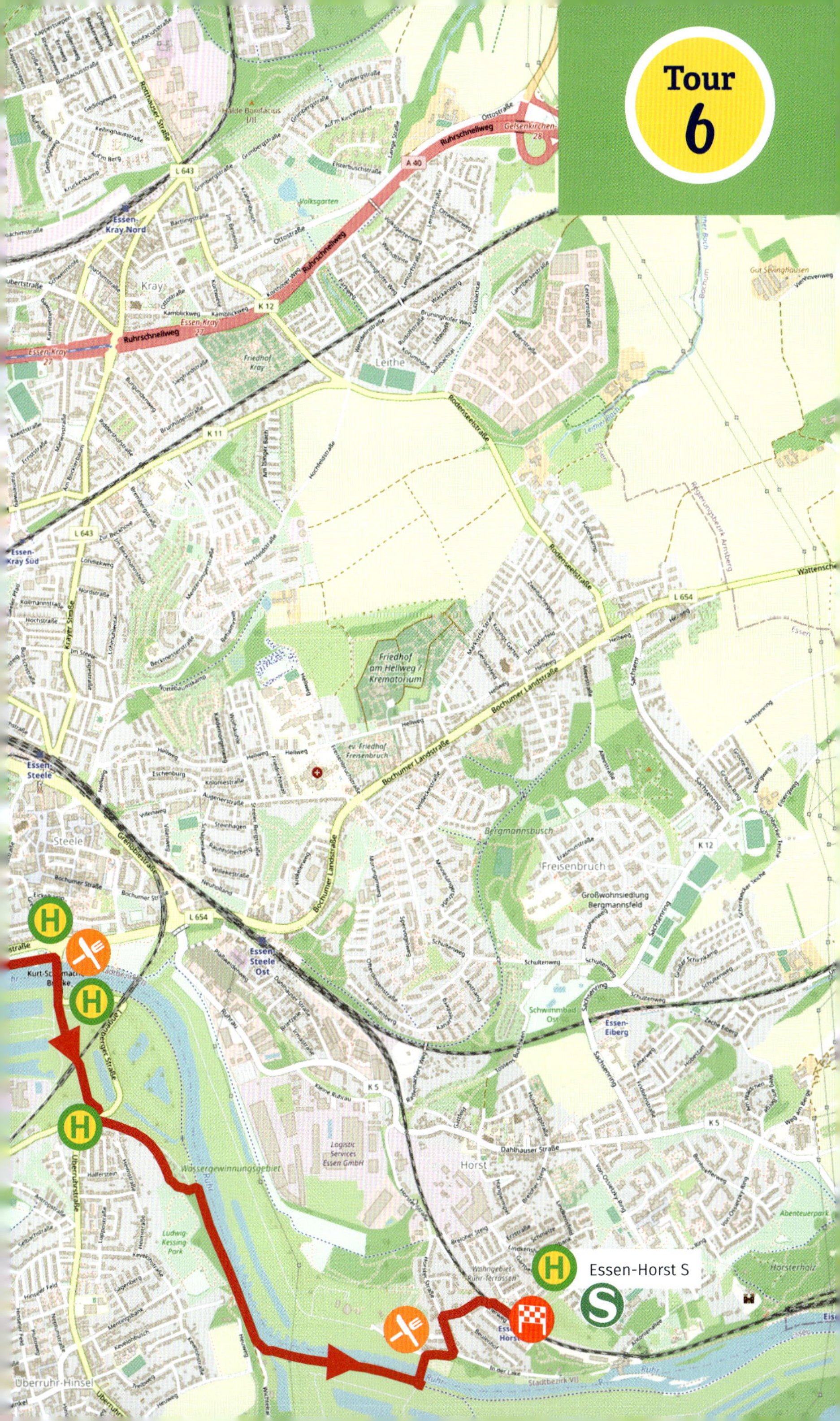

Tour
6
Essen-Horst S
Ruhrschnellweg
A 40
Essen-Kray Nord
Kray
Leithe
Volksgarten
Friedhof am Hellweg / Krematorium
Bochumer Landstraße
Rodenseelstraße
Essen-Steele
Steele
Essen-Steele Ost
Bergmannsbusch
Freisenbruch
Großwohnsiedlung Bergmannsfeld
Schwimmbad Ost
Essen-Eiberg
Horst
Wassergewinnungsgebiet
Ruhr
Ludwig-Kessing-Park
Überruhr-Hinsel
Logistic Services Essen GmbH
Abenteuerpark
Horsterholz
Gut Sevinghausen
Wattensche

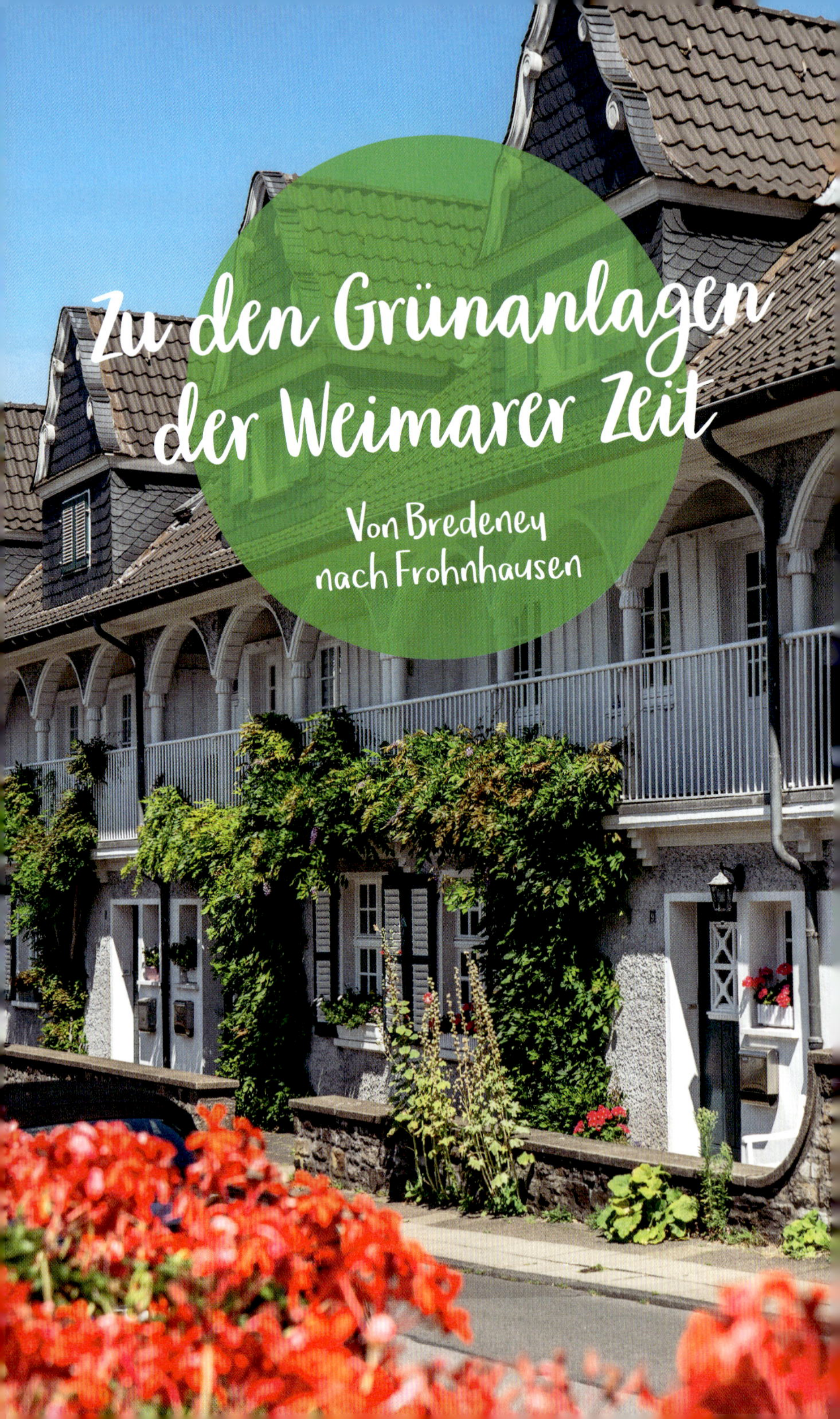
Zu den Grünanlagen der Weimarer Zeit
Von Bredeney nach Frohnhausen

Anfang des 20. Jahrhunderts, insbesondere in den 1920er-Jahren, sind im Geiste der Weimarer Republik zahlreiche prominente Bauten und Grünanlagen in Essen entstanden. Auf dieser Wanderung erleben wir eine Zeitreise in diese prägenden Jahre der Stadt und besuchen die bedeutenden Sehenswürdigkeiten dieser Zeit wie die Gruga, die Margarethenhöhe sowie den Südwestfriedhof. Diese sehr kurze Route ist reich an Erlebnissen, die der Wanderer so in einer innerstädtischen Tour eigentlich nicht erwarten würde.

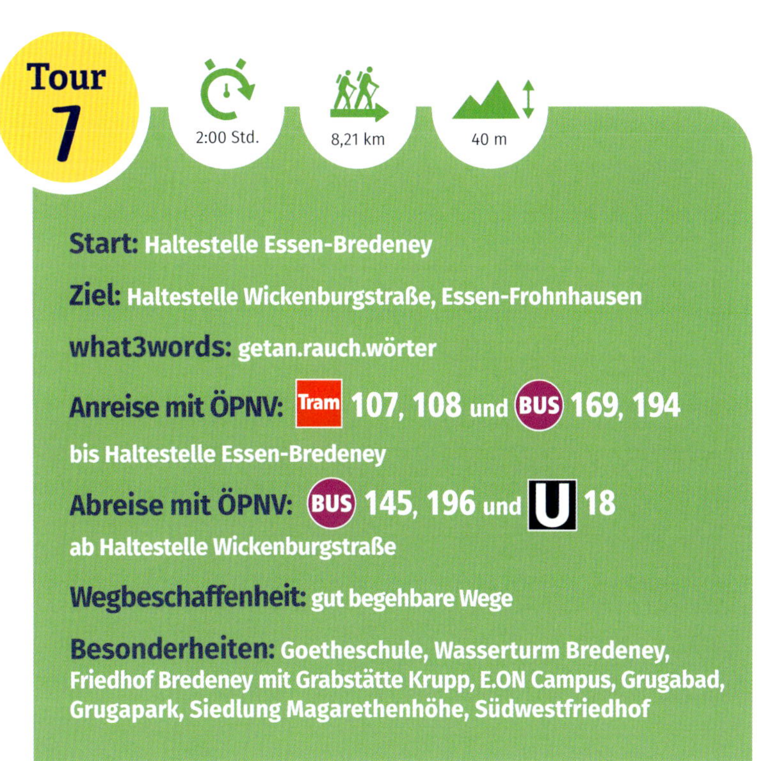

Wegbeschreibung: Wir starten die Tour am Wendehammer der Tramhaltestelle und wenden uns der vierspurigen Zeunerstraße zu. Dort gehen wir in Richtung Werden leicht bergab bis zur Ampel, an der wir die Zeunerstraße überqueren und in den Walter-Sachse-Weg, benannt nach einem ehemaligen Bürgermeister Bredeneys, abbiegen. Wir folgen dem Walter-Sachse-Weg bis zum Ende und kommen unterwegs an dem beeindruckenden Bau der Goetheschule vorbei.

Am Weg

Goetheschule

Die Gotheschule ist ein städtisches Gymnasium in Essen mit den Schwerpunkten Musik, Naturwissenschaften und Sprachen. Sie ist die einzige Schule im Regierungsbezirk Düsseldorf, die einen Doppelabschuss Abitur und „International Baccalureate", einen international anerkannten Schweizer Schulabschluss, anbietet. Erwähnenswert ist die Architektur. Das Gebäude entstand 1913 im sogenannten Reformstil, eine Architekturrichtung, die Wert auf regionale Baumaterialien und -formen legte. Aus diesem Grunde ist das Haupthaus auch seit 1985 unter Denkmalschutz gestellt worden. Eine Besonderheit ist der stadtbildprägende Schulturm, der weithin sichtbar ist.

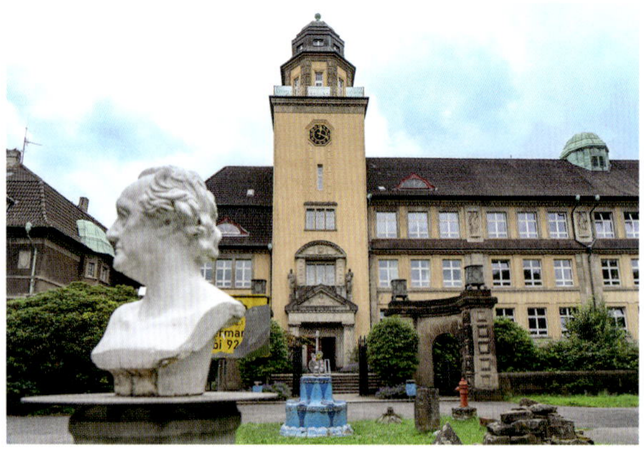

Bevor wir geradeaus in den Wald wandern, möchten wir noch auf die Straßenschilder hinweisen, links geht die Straße Zweihonnschaftenwald ab, bis 1903 die amtliche Bezeichnung für den Stadtteil Bredeney. Straßennamen werden auch im weiteren Verlauf unserer Wanderung eine Rolle spielen.
Wir gehen in den Wald und sehen zu unserer Linken den Bredeneyer Wasserturm.

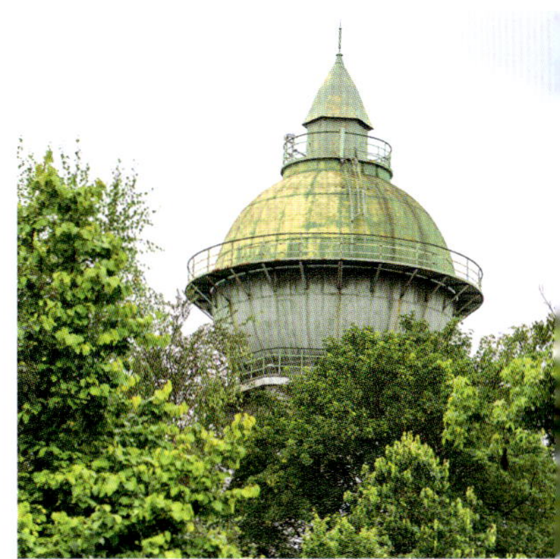

Am Weg

Wasserturm Bredeney

Der 31 Meter hohe Trinkwasserturm entstand 1921 am höchsten Punkt Bredeneys auf 233 Meter über Normalnull. Seit 1997 ist der Turm privatisiert und wurde 2002 zu einem Wohnturm umgebaut.

Wir halten uns rechts und folgen dem Weg hinab bis zum Spielplatz Benzstraße. Dort gehen wir nach links und an der nächsten Einmündung rechts den kurzen Anstieg hinauf, der uns auf den Zeißbogen bringt. Hier gehen wir nach links, vorbei an der Anlage des Tennisclubs Bredeney, und an der nächsten Kreuzung überqueren wir den Zeißbogen nach rechts, um für 50 Meter geradeaus in die Westerwaldstraße einzubiegen. Auf der gegenüberliegenden Seite sehen wir den Eingang des Friedhofs Bredeney, zu dem wir uns begeben.

Am Weg

Friedhof Bredeney

Der kommunale Friedhof Bredeney wurde 1909 eröffnet und bietet auf dem rund sieben Hektar großen Areal Platz für 5475 Grabstätten. Bekannt ist der Friedhof, da sich hier die Grabstätte der Familie Krupp

befindet und zahlreiche weitere berühmte Essener Persönlichkeiten hier ihre letzte Ruhe fanden.
Ehrengräber der Stadt Essen unter anderem für den Baustatiker und Raumfahrtpionier Walther Hohmann, die Kunstfliegerin Thea Rasche oder den Architekten Fritz Schupp finden sich dort ebenso wie die Gräber der Unternehmer Karl und Theo Albrecht.

Auf dem Friedhof angekommen gehen wir den Weg geradeaus, nach wenigen Metern sehen wir rechts das Grab von Erich und Anneliese Brost, Mitbegründer des ehemaligen WAZ-Konzerns und einige Meter weiter entdecken wir auf der linken Seite das denkmalgeschützte Mausoleum der Familie Waldhausen, einer Patrizier- und Industriellenfamilie. Wir gehen am zweiten Weg nach rechts und nach 50 Metern stehen wir vor den Grabmalen der Familie Krupp.

Am Weg

Familiengrabstätte Krupp

Die Grabanlage der Familie Krupp wurde 1955 von Alois Kalenborn erschaffen und die teilweise zuvor auf anderen Friedhöfen bestatteten Familienmitglieder später hier zusammengelegt. Die Gräber zeigen den Stellenwert der Krupp-Dynastie. Die zwei imposantesten Gräber von Alfred und Friedrich Alfred Krupp wurden vom Münchener Künstler und Bildhauer Otto Lang gestaltet. Auch das Grabmal von Alfreds Frau Margarethe ist hier zu sehen. Sie ist für die Stadtgeschichte Essens sehr wichtig, war sie doch die Stifterin der Margarethenhöhe. Geradezu schlicht dazu wirkt das Grab des letzten Krupp-Inhabers, Alfried Krupp von Bohlen und Halbach. Wer aufmerksam die Familiendynastie nachverfolgt, wird feststellen, dass der Sohn von Alfried, Arndt von Bohlen und Halbach, nicht auf diesem Friedhof beerdigt wurden. Er hat seine letzte Ruhestätte in der Schlosskapelle von Schloss Blühnbach im Salzburger Land gefunden.

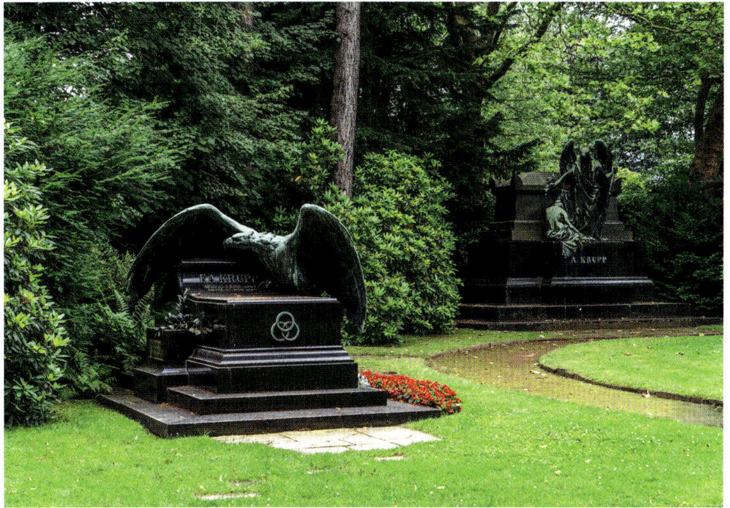

Familienfriedhof Krupp mit dem Grab von Friedrich Alfred Krupp und Alfred Krupp

Wir verlassen die Familiengrabstätte Krupp und gehen links, dann wieder links und wenige Meter weiter sehen wir auf der linken Seite das Grab von Berthold Beitz, dem letzten Generalbevollmächtigten der Firma Krupp, und seiner Frau Else. Nach diesem Ausflug in die Krupp-Geschichte wenden wir um und gehen denselben Weg zurück, bleiben aber geradeaus, bis wir nach 60 Metern auf einen hellen Schotterweg kommen, dem wir nach links folgen. Wenige Meter weiter finden wir die Trauerhalle mit öffentlichen Toiletten auf der linken Seite. Wir folgen dem Weg für rund 120 Meter und verlassen dann den Friedhof über den nördlichen Zugang. Geradeaus an der Ampelanlage überqueren wir die vierspurige Meisenburgstraße. Auf der anderen Seite gehen wir nach links bis zur nächsten Straßeneinmündung, biegen dort rechts ab und verlassen den kommenden Wendehammer auf dem rechten Schotterweg, der uns einmal um ein Bürogebäude herumführt. Dann biegen wir rechts in die Straße Beckmannsbusch ein und gehen auf dem linken Bürgersteig bis zur nächsten Einmündung. Dort geht es links leicht bergauf, und bevor wir auf die Theodor-Althoff-Straße stoßen, zweigt rechts ein breiter Schotterweg in den Wald ab. Den nehmen wir und folgen ihm für einen Kilometer bergab durch ein kleines Waldgebiet. Erwähnenswert ist der Borbecker Mühlenbach, der rechts vom Wanderweg entspringt. Der Bach mündet in die Emscher und ist uns schon auf der Tour 4 begegnet. Wir steigen wieder aus dem Tal hinauf, gelangen zu einer Ampelanlage und überqueren dort die Straße. Links geht es durch eine Unterführung der Autobahn 52, danach überqueren wir wiederum an einer Ampelanlage den Zubringer zur Autobahn. Dort halten wir uns rechts und auf der gegenüberliegenden Straßenseite sehen wir den Firmensitz des Energieunternehmens E.ON.

Am Weg

E.ON Campus Essen

Der Campus ist seit 2012 der Firmensitz des Energieunternehmens E.ON, das zuvor in Düsseldorf angesiedelt war. Herausstechende Elemente des imposanten Gebäudes sind die zwei 65 Meter hohen, ellipsenförmigen Türme sowie zwei langestreckten Gebäuderiegeln, die durch ein verglastes Atrium verbunden sind.

Links von uns ist das Parkhaus P 9 der Messe, das wir nun umrunden und dazu die Straße an der Ampel überqueren. Dann schwenken wir nach links in einen Fußweg ein und am Ende geht es wieder nach links in die mit einer Schranke versehene Straße Am Grugapark. Auf der rechten Seite erstreckt sich das Grugabad.

Am Weg

Grugabad

Das Grugabad ist mit 58.000 Quadratmetern das größte Freibad in Essen. 1964 in aller Stille eröffnet, die offizielle Eröffnung fand ein Jahr später im Zuge der Bundesgartenschau statt, gehört das Bad zum Gruga-Komplex bestehend aus Grugapark, Grugahalle sowie der Messe

Essen. Mit mehreren Schwimmbecken, den an ein Fördergerüst erinnernden zehn Meter hohen Sprungturm sowie mit den zwei Rutschen, im Volksmund auch Elefantenrutschen genannt, ist das beliebte Bad mittlerweile ein Baudenkmal, das in den kommenden Jahren zu einem Ganzjahresschwimmbad umgebaut werden soll.

Wir gehen am Grugabad vorbei und sehen rechts die Jugendverkehrsschule der Verkehrswacht Essen. Grundschulkinder erhalten hier eine Radfahrausbildung, um sich sicher mit dem Fahrrad im Verkehr zu bewegen. Diese Verkehrsschule ist eine von vieren auf dem Essener Stadtgebiet. Direkt daneben befindet sich der Eingang zum Grugapark.

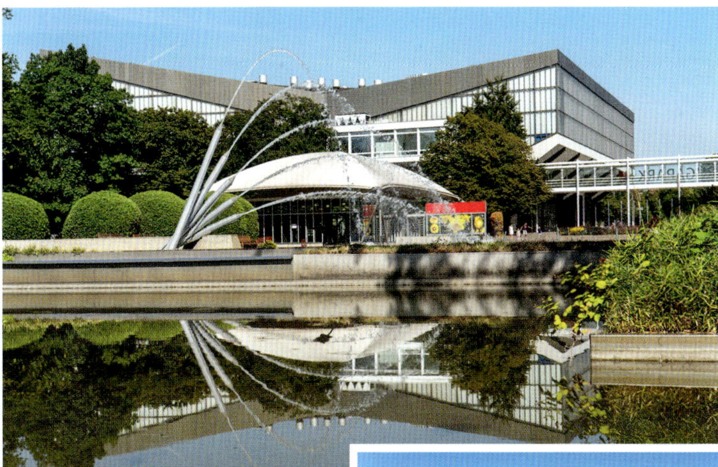

Haupteingang an der Grugahalle, davor die fünfstrahlige Wasserfontäne

Botanischer Garten mit Kunstwerk die „Große Badende“ am Waldsee

Am Weg

Grugapark

Der Grugaprak ist ein 60 Hektar großer innerstädtischer Park, der im Zuge der ersten „Großen Ruhrländischen Gartenbau-Ausstellung“ (daher das Akronym GRUGA) von 1929 entstanden ist. Die Ausstellung wurde von Rudolf Korte, Gartenbaudirektor der Stadt Essen, und dem Gartenbauarchitekten Johannes Gabriel geplant und gebaut. Im Gegensatz zu den Gartenausstellungen in Dresden 1926 und Liegnitz 1927 war die Gruga in Essen als dauerhaft bestehender Park erschaffen worden. Auf dem Gelände fanden auch 1938 die „Zweite Reichsausstellung des Deutschen Gartenbaus“, 1952 die zweite „Große Ruhrländische Gartenbau-Ausstellung“ sowie 1965 die Bundesgartenschau statt. Seit der Bundesgartenschau hat der Grugapark die heutige Größe erhalten. Das Wahrzeichen des Grugaparks ist die Tulpe, die heute noch als weithin sichtbares Signet auf dem ehemaligen und mittlerweile unter Denkmalschutz stehenden Grugaturm zu sehen ist. Der Turm ist ein Werk des Architekten Paul Portten, errichtet im Stil des Neuen Bauens. Heute wird der Park mannigfaltig genutzt, er hat sogar den Status eines Gesundheitsparks und bietet mit der Therme auch die Möglichkeit zur „Kur vor Ort“. Die Anlage hält noch weitere Attraktionen bereit wie einen Barfußpfad, ein Niedrigseilparcours, eine Rollschuhbahn, eine Vogelfluganlage, einen Kleintiergarten mit angrenzendem Ponyhof und vieles mehr. Zudem finden sich im Park rund 40 Skulpturen bedeutender Bildhauer wie Alfred Hrdlicka, Georg Kolbe oder Henry Moore. Neben dem Baldeneysee ist der Grugapark die gute Stube Essens und als Freizeitareal äußerst beliebt. Der Grugapark ist eintrittspflichtig.
www.grugapark.de

Wir gehen über den asphaltierten Weg leicht bergan, um nach 120 Metern rechts auf einen Weg abzubiegen, dem wir an der Grenze zur Gruga für 600 Meter folgen.

Dann heißt es Abschied nehmen von der Gruga. Wir überqueren die Straße Lührmannwald, gehen für 40 Meter nach links, um dann nach rechts in den Wald einzubiegen. Nach 150 Metern überqueren wir die Lührmannstraße und wandern geradeaus, am ersten Abzweig dann nach links, am zweiten wiederum nach links und dann geradeaus zum Eingang der Margarethenhöhe neben einem Spielplatz. Unterwegs können wir im vorherigen Waldstück die Reste der sogenannten Sommerburg entdecken, einer Turmhügelburg, die aus zwei Inseln bestand, einer Hauptburg und einer Vorburg. Heute sind nur noch die Hügel zu sehen.

Wir betreten die Siedlung Margarethenhöhe über die Straße Waldlehne, auf die wir rechts einbiegen, und sehen direkt ein Denkmal zu Ehren der Opfer und Gefallenen der beiden Weltkriege. An der kommenden Einmündung gehen wir nach links in die Straße Daheim.

Am Weg

Straßennamen in der Magarethenhöhe

Bei einem Spaziergang durch die Siedlungen Margarethenhöhe sollten man auf die Straßennamen achten. Viele sind mit Bedacht gewählt: Drücken sie doch oft ein Gefühl von „Zuhause“ oder „Ruhe“ aus. Neben „Daheim“, gibt es noch weitere sehr kreative Straßennamen wie, „Im Stillen Winkel“, „Schöngelegen“, „Sonnenblick“ oder „Trautes Heim“.

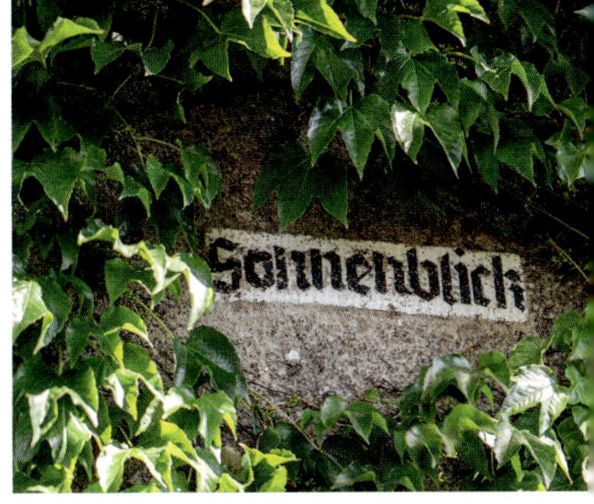

An deren Ende geht es rechts in die Metzendorfstraße, dann biegen wir links ab in die Stensstraße und dann wieder links in die Straße Hoher Weg bis zum Marktplatz. Dort angekommen genießen wir das emsige Ensemble aus Supermarkt, dem Marktplatz und dem Stadthotel Mintrop, eines der idyllischsten gelegenen Hotels in Essen.

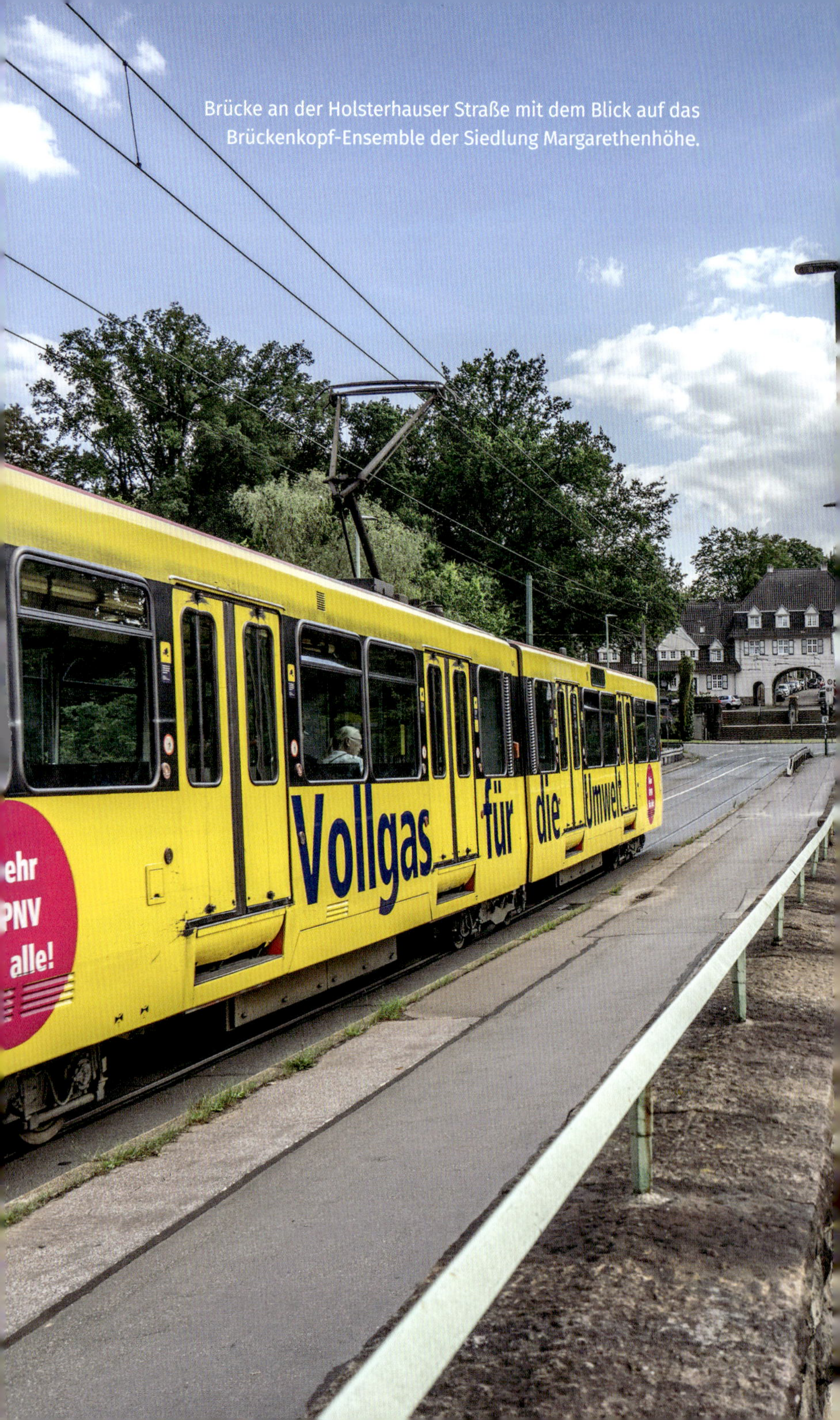

Brücke an der Holsterhauser Straße mit dem Blick auf das Brückenkopf-Ensemble der Siedlung Margarethenhöhe.

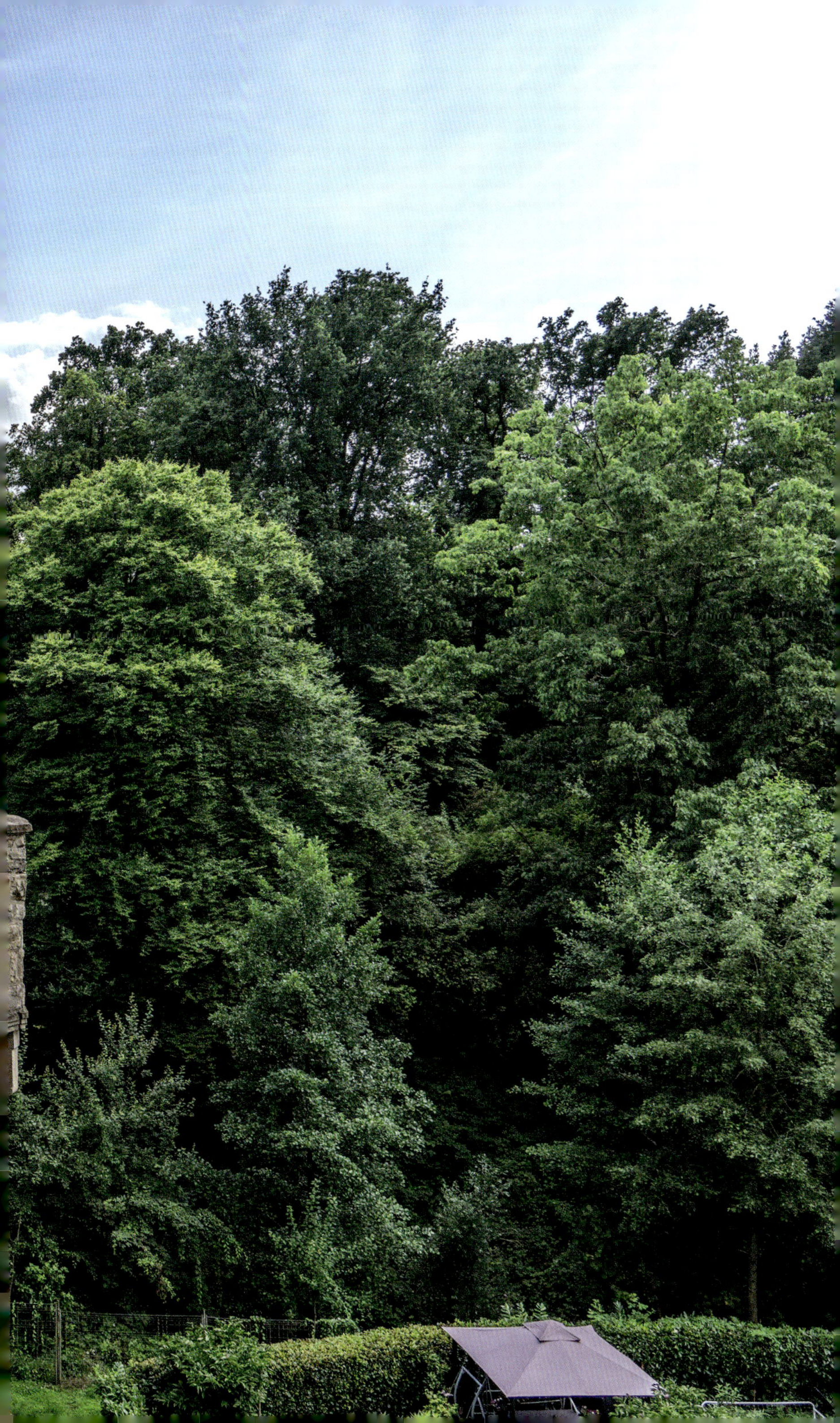

Am Weg

Siedlung Margarethenhöhe

Über die Siedlung Margarethenhöhe sagte einst der renommierte Architekt und Baudezernent Ernst Bode: „Dichtung in Stein und Grün.“ Die Gartenhaussiedlung wird als Gesamtkunstwerk, als Denkmal von Welt bewertet. Im Jahre 1906 entstand die Siedlung auf Initiative von Margarethe Krupp, der Witwe von Alfred Krupp. Sie gründete dazu die Margarethe Krupp-Stiftung, die mit einem Stiftungskapital von einer Millionen Mark ausgestattet war, dazu kamen Bauland von 50 Hektar und umfangreiche Wälder. Stiftungsziel des Kruppschen Sozialwerks war es, für die Essener Bevölkerung ein menschenfreundliches Wohnen zu erschaffen. Dabei ist insbesondere Wert auf die Vereinbarkeit der Funktionen von Wohnen, Arbeit und Erholung gelegt worden. Es sollte eine Stadt der kurzen Wege entstehen, mit Anbindung an den öffentlichen Personennahverkehr sowie einer maßvollen Verdichtung der Bebauung. Dieses Gesamtkunstwerk verantwortet haben vor allem der Architekt Georg Metzendorf und der Baudezernent Robert Schmidt. Von 1909 bis 1938 wurden in 29 Bauabschnitten 1660 Wohnungen erschaffen. Ermöglicht wurde dies dadurch, dass der Bau der Siedlung durch einen Regierungserlass von jeglichen Bauvorschriften befreit war. Metzendorf nutzte für die Realisierung einen variablen Typengrundriss, das heißt, Türen, Fenster, Installationssäulen für Versorgungsleitungen und die Möblierung waren immer gleich. Durch geschicktes Variieren entstand so aber eine vermeintliche Vielfalt an Haustypen. Gleichzeitig wurden die umliegenden Wälder mit Wegen versehen, so dass die Grünzüge zur Naherholung genutzt werden konnten, ein weiterer Mosaikstein zum menschenfreundlichen Wohnen. So kann mit der Erbauung der Magarethenhöhe sowie weiterer Essener Siedlungen dieser Zeit, wie dem Haumannplatz, dem Moltkeviertel, den Stadtwald-Siedlungen und dem Feldhaushof im Südostviertel, die damalige Stadt- und Grünplanung inklusive der Architektur als herausragend bezeichnet werden. Und gewiss kann aus heutiger Sicht attestiert werden: Nie wieder gab es so ein hohes qualitatives planerisches Niveau in der Stadtgeschichte.

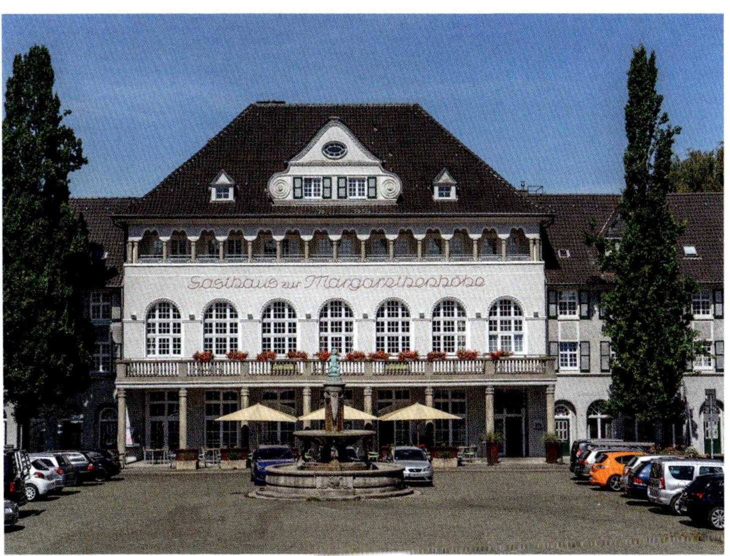

Marktplatz der Siedlung Margarethenhöhe mit Mintrops Stadt Hotel

Wir nehmen zum Markplatz die rechte Treppe und gehen hinab zum Hotel Mintrop. Wer möchte, kann hier auf den Terrassen eine Rast einlegen und das pittoreske Ensemble genießen. Dann wandern wir die Steile Straße nach links, überqueren den Laubenweg und folgen der Steilen Straße bis zu deren Ende. Unterwegs überqueren wir die Sommerburgstraße an einer Ampelanlage. Wir biegen rechts in den Lehnsgrund ein und direkt – keine zehn Meter weiter, biegen wir links in Richtung Restaurant Hülmannshof ab. Wir möchte, geht weiter geradeaus und genießt bei schönem Wetter im Biergarten des Gasthausen eine Rast, wir nehmen aber den Waldweg, der bergab ins Kesselbachtal führt. Unten angekommen gehen wir geradeaus auf die gegenüberliegende Seite des Tals, überqueren den Kesselbach, dann geht es im Tal wieder hinauf, und nach wenigen Metern betreten wir den Südwestfriedhof. An dem kreuzenden Weg laufen wir leicht nach links aber immer noch geradeaus bergauf und erreichen nach 225 Metern die Hauptmagistrale des Friedhofs. Dort biegen wir nach rechts und wandern entlang der von Linden gesäumte Allee bis zum Gebäudekomplex mit der Andachtshalle und dem Ehrenhof.

Am Weg

Südwestfriedhof

Als die Bevölkerung von Essen durch den Zuzug von Industriearbeitern immer mehr wuchs, zwischen 1920 und 1930 sollte sich die Einwohnerzahl mehr als verdreifachen, bestand die Notwendigkeit für die Anlage eines großen Zentralfriedhofs. Baudezernent Robert Schmidt plante schließlich nach der Eingemeindung von Fulerum diese zentrale Begräbnisstätte. Nur hier fand er genug Land, das nicht von Wohnsiedlungen umschlossen war und noch genügen Raum für zukünftige Expansionen zuließ. Neben Schmidt war auch Gartendirektor Rudolf Korte für die Gestaltung und Neuanlage des Friedhofs zuständig. Zum Reigen der berühmten Persönlichkeiten, die an der Gestaltung des Friedhofs mitwirkten, zählt auch der Architekt Ernst Bode, der die Entwürfe für den imposanten Ehrenhof und den Gebäudekomplex aus Einsegnungshalle, Wandelgang und Eingangsportal lieferte. Die Gebäude sind aus dunkelbraunem Backstein errichtet und das Eingangstor trägt expressionistische Züge.

Der Friedhof war auch mit etlichen Plastiken des Bildhauers Will Lammert versehen, doch unter dem Joch der nationalsozialistischen Regierung wurden diese bis auf den zwölf Meter hohen segnende Christus in der Einsegnungshalle als entartete Kunst entfernt oder zerstört. Lammert galt als Kommunist und seine Frau war Jüdin.

Der Friedhof ist mit 37,27 Hektar nach dem Parkfriedhof der zweitgrößte in Essen. Es gibt einige Ehrengräber auf der Anlage unter anderem für den Architekten Georg Metzendorf, den Ingenieur Franz Dinnendahl, die Oberbürgermeister Wilhelm Holle und Heinz Renner sowie die Unternehmer Wilhelm und Herbert Girardet. Auf dem Friedhof gibt es verschiedenen Gedenkstätten und Gräber für 2878 Opfer beider Weltkriege.

Wir laufen über die Magistrale an der Trauerhalle vorbei in Richtung Norden, wer möchte, kann hier die öffentlichen Toiletten nutzen, es sind die letzten auf dem Weg, und gehen immer geradeaus bergab. An der zweiten Kreuzung wenden wir uns nach links und am Ende

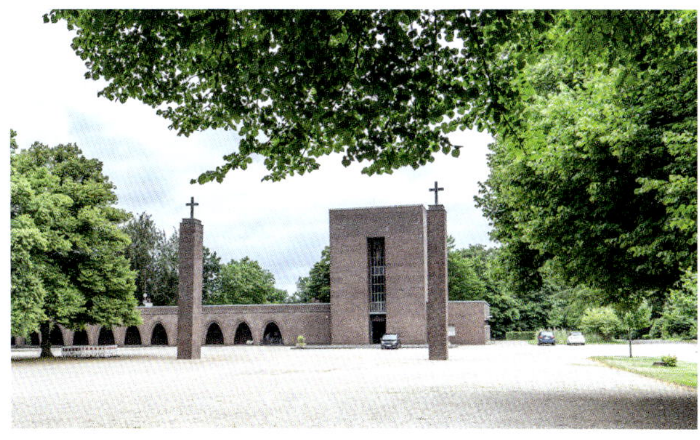

Trauerhalle auf dem Südwest-friedhof

nach rechts. Der nun eingeschlagene Weg bringt uns zum Ausgang des Südwestfriedhofs. Wir überqueren die Fulerumer Straße und gehen auf der anderen Straßenseite rechts weiter. Auf dem Gehweg geht es über eine Brücke und dann die Wickenburgstraße hinauf. Auf der Brücke können wir versuchen, den Borbecker Mühlenbach unter uns zu entdecken, schwierig, denn nach seiner Renaturierung hat sich die Natur den Bachlauf zurückerobert und das Gewässer ist vor lauter Grün kaum auszumachen. Welch ein Erfolg der Renaturierung! Jedoch entdecken wir auf der Brücke ein Schild zu einem Mahnmal, das von der tödlichen Lynchjustiz an drei unbekannten Angehörigen der britischen Luftwaffe berichtet. Jetzt müssen wir nur noch 500 Meter weiter auf dem Gehweg bergauf wandern und wir kommen zu unserem Ziel der heutigen Tour, dem Verkehrskreuz Wickenburgstraße. Nun müssen wir uns nur noch entscheiden, ob wir mit der U-Bahn oder mit dem Bus die Heimreise antreten.

Gastronomie:

Mintrops Stadt Hotel Margarethenhöhe
Steile Straße 46
45149 Essen
Tel. 020143860
www.mintrops-stadthotel.de

Restaurant Hülsmanshof
Lehnsgrund 14 a
45149 Essen
Tel. 0201 87125-0
www.huelsmannshof.de

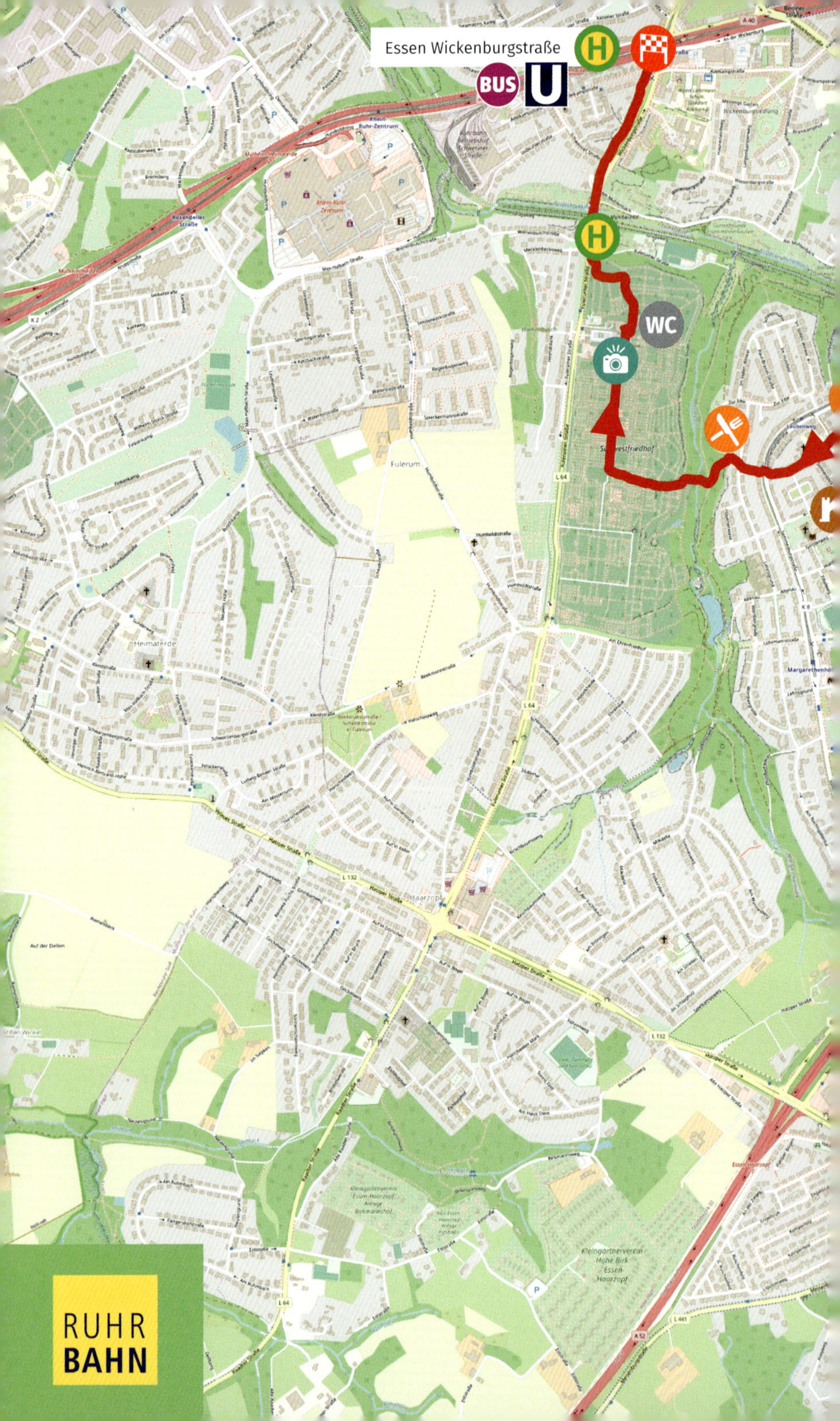

Essen Wickenburgstraße
BUS
U
WC
Südwestfriedhof
Fulerum
Heimaterde
Haarzopf
RUHR
BAHN

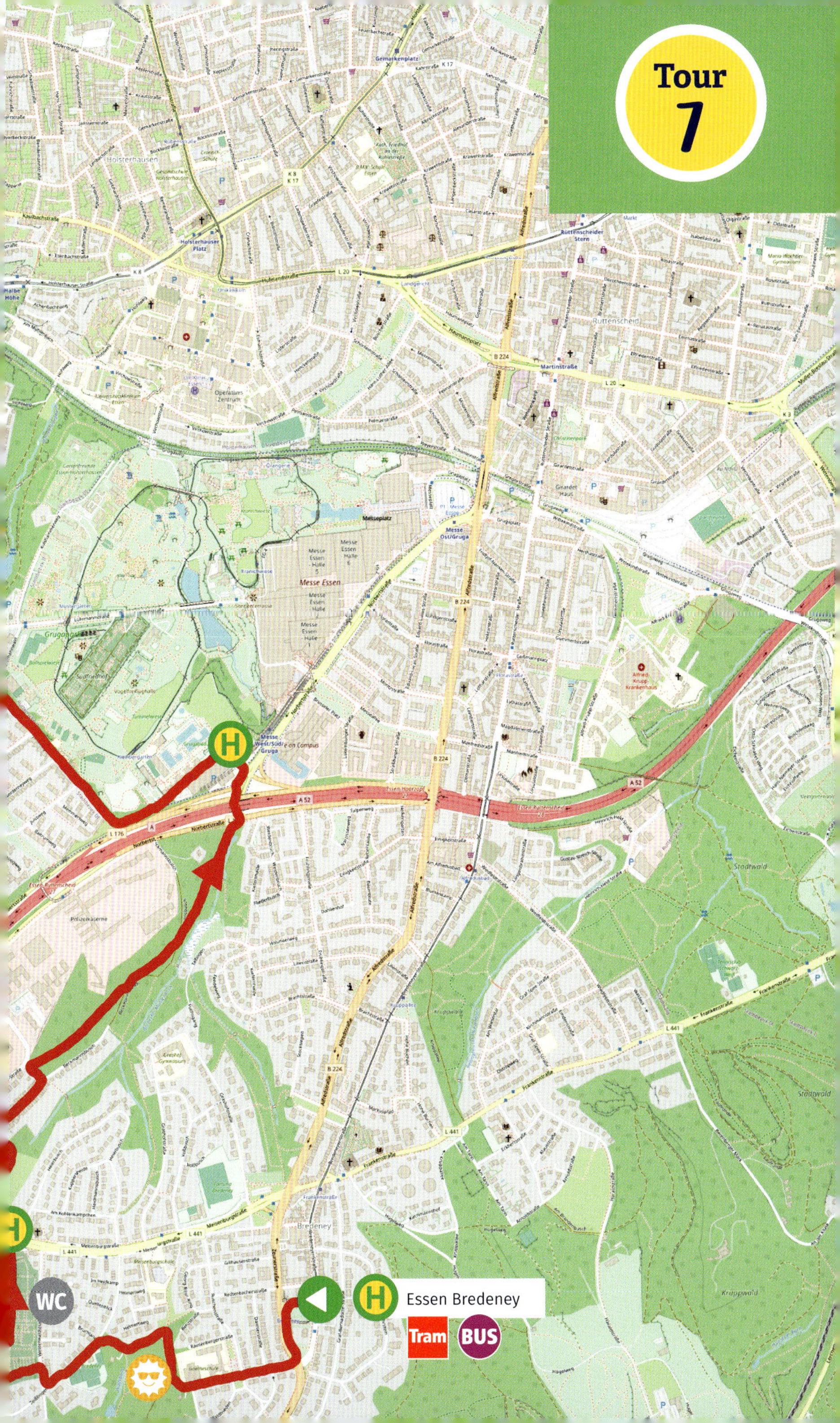
Tour
7
Essen Bredeney
Tram
BUS
WC
Messe West/Süd/Gruga
Messe Essen
Rüttenscheid
Holsterhausen
Bredeney
Stadtwald
Gruga

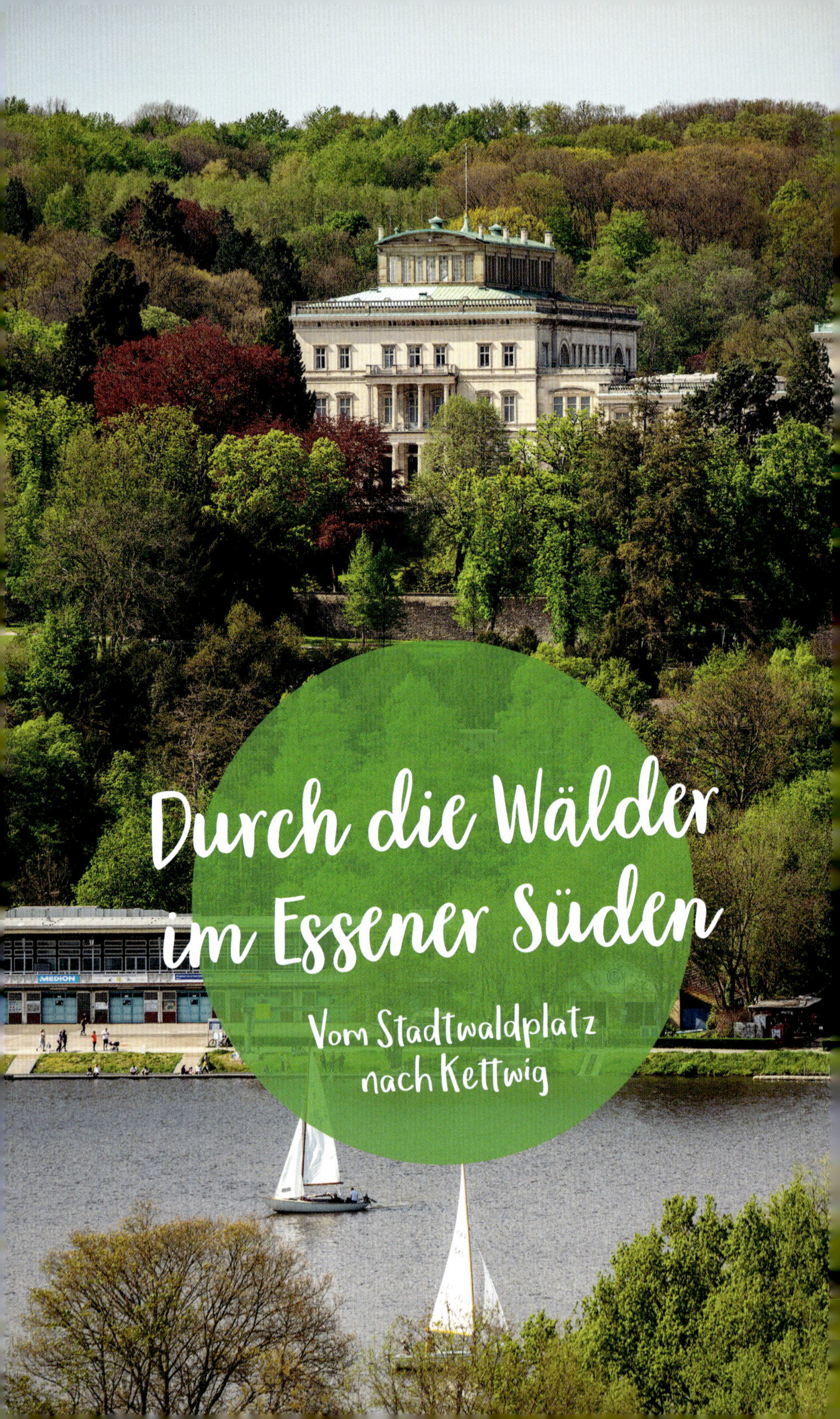
Durch die Wälder
im Essener Süden
Vom Stadtwaldplatz
nach Kettwig
MEDION

Zum größten Teil durch die Wälder im Essener Süden führt die Wanderung zwischen Stadtwald und Kettwig. Dabei ist bemerkenswert, dass dort, wo wir nun alten Waldbestand sehen, Anfang des 20. Jahrhunderts noch überwiegend bäuerliche Landwirtschaft vorherrschte. Erst mit der Jahrhundertwende wurden großflächig Wälder aufgeforstet, eine Stadtplanung, von der wir nun profitieren und wir mit dieser Wanderung huldigen.

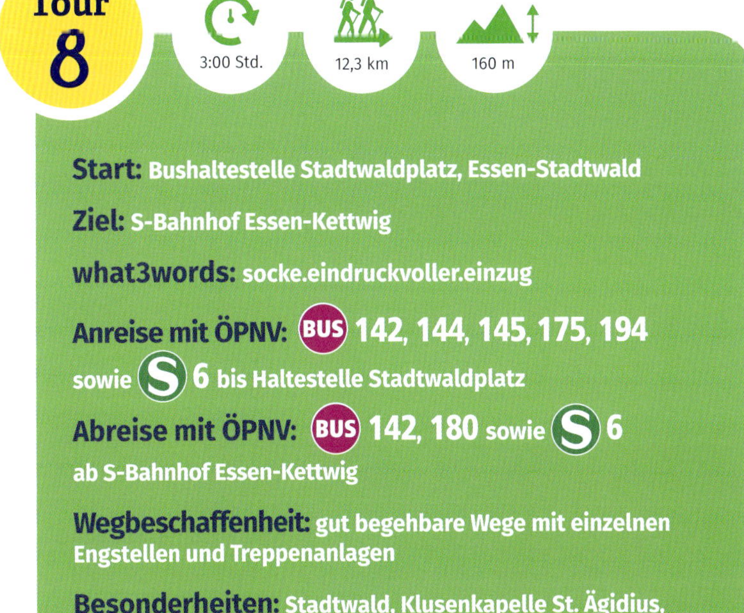

Start: Bushaltestelle Stadtwaldplatz, Essen-Stadtwald

Ziel: S-Bahnhof Essen-Kettwig

what3words: socke.eindruckvoller.einzug

Anreise mit ÖPNV: BUS 142, 144, 145, 175, 194 sowie S 6 bis Haltestelle Stadtwaldplatz

Abreise mit ÖPNV: BUS 142, 180 sowie S 6 ab S-Bahnhof Essen-Kettwig

Wegbeschaffenheit: gut begehbare Wege mit einzelnen Engstellen und Treppenanlagen

Besonderheiten: Stadtwald, Klusenkapelle St. Ägidius, Kruppwald, Villa Hügel und Hügelpark, Siedlung Brandenbusch, Kinderheim Funkestiftung, Wolfsbachtal, Essener Aussicht Kettwiger Stadtwald, Kriegsgrabstätte und Stadtwaldfriedhof Kettwig

Wegbeschreibung: Wir starten die Wanderung an der Bushaltestelle am Stadtwaldplatz, auf dem dienstags und freitags immer ein Wochenmarkt stattfindet. Wir wenden uns zur großen Kreuzung und überqueren sie an der Ampelanlage Richtung Bredeney. Nach nicht einmal 75 Metern biegen wir links in die Zeisigstraße ein und gehen weiter über die Pirolstraße geradeaus in den nun beginnenden Stadtwald.

Info

Stadtwald

Der Stadtwald war noch bis zum Ende des 19. Jahrhunderts in Privatbesitz und nicht für die Öffentlichkeit zugänglich. 1904 wurde auf Anweisung des damaligen Essener Oberbürgermeisters Erich Zweigert ein 105 Hektar großes Waldgebiet mit Nebenflächen für 11,9 Millionen Goldmark von der Adelsfamilie Vittinghoff-Schell gekauft. Ziel war es, im Essener Süden Erholungsflächen für die Bewohner der von der Industrie geprägten Stadt zu schaffen. In den folgenden Jahren bis 1913 wurden Fuß-, Reit- und Fahrwege angelegt sowie Info eine Trinkhalle, eine Kaffeewirtschaft und Gaststätten eingerichtet. Um den Freizeitwert zu erhöhen, kamen zusätzliche Attraktionen wie der Schillerbrunnen, Kinderspielplätze, Reitbahnen, Sport- und Tennisplätze hinzu. Die Schillerwiese ist seit 1910 bis heute ein beliebter Treffpunkt der Essener Bevölkerung für Freizeitsport.

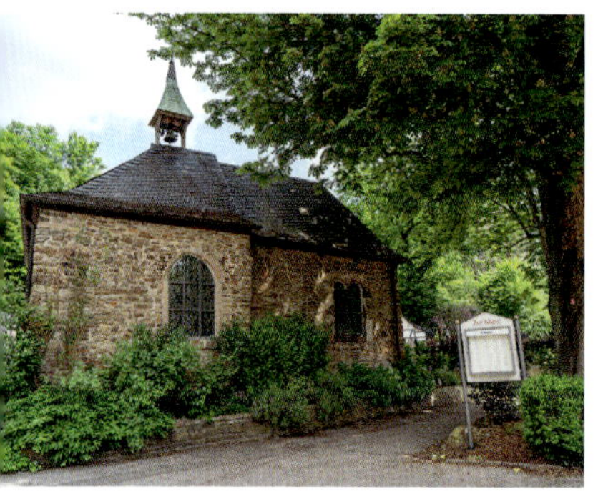

Wir folgen dem Waldweg, nach 200 Metern geht es links bergab, und im Tal nehmen wir den zweiten Weg auf der rechten Seite, der uns zwischen Zäunen hindurch zur Klusenkapelle St. Ägidius führt.

Nur wenige Meter von der Kapelle entfernt befindet sich das Restaurant „Zur Kluse“, ein nach einem Brand grund-

Am Weg

Klusenkapelle St. Ägidius

Die Klusenkapelle ist vermutlich vor 1300 erbaut worden. Urkundlich zum ersten Mal 1359 erwähnt besitzt die aus Ruhrsandstein errichtete und mit einem Schieferdach versehende Kapelle zwei gotische Farbglasfenster sowie ein großes Altarbild, das die Himmelfahrt Marias darstellt. Auf dem einen Fenster ist der heilige Ägidius mit den 14 Nothelfern abgebildet, auf dem anderen wird die Geschichte vom ermordeten Engelbert I. von Köln und seinem auf einem Rad gefesselten Mörder dargestellt. Die Kapelle steht seit 1985 in der Liste der Essener Denkmäler und wurde im Jahre 2008 grundlegend saniert.

Gasthaus mit einem großen idyllischen Biergarten, das sich großer Beliebtheit erfreut.

Wir gehen rechts an der Klusenkapelle vorbei, überqueren den Parkplatz sowie die Straße An der Kluse und folgen auf dem Bürgersteig dem Straßenverlauf nach rechts, bis wir zu einem Tor kommen. Hier gehen wir hinein in den Wald und folgen dem Weg leicht bergab. Das Tor ist Teil einer Zaunanlage, denn der Wald ist komplett eingezäunt, ein Unikum. Er befindet sich in Privatbesitzt und trägt den Namen Kruppwald. Hier treffen wir auch auf ein bekanntes Wanderzeichen, denn wir wandern nun die kommenden circa 2,3 Kilometer auf den Spuren des BaldeneySteigs.

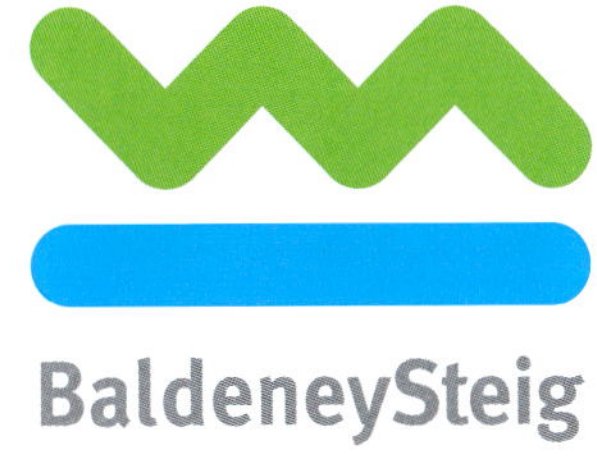

Wir folgen dem breiten Waldweg, halten uns rechts, bis der Weg schmaler wird und leicht ansteigend zu einer Abzweigung führt. Dort nehmen wir den linken Weg, der direkt am Zaun der Villa Hügel vorbeiführt und uns einen Blick auf das kleine Haus vor der prächtigen Villa erlaubt. Das Gebäude wurde einst als Gästehaus genutzt und beherbergt heute die Alfried Krupp von Bohlen und Halbach-Stiftung.

Der Waldweg führt uns (bei einem Abzweig links haltend) zu einem weiteren Drehtor, das direkt am Eingang zur Villa Hügel mündet.

Am Weg

Villa Hügel und Hügelpark

Die Villa Hügel, einst Wohnsitz der Familie Krupp und Repräsentationssitz des Unternehmens, erhebt sich am Nordufer hoch über dem Baldeneysee und eingebettet in eine große Parkanlage. Erbaut zwischen 1870 und 1873 sollte das einschüchternd wuchtige Haus im Stil des Neoklassizismus Macht und wirtschaftliche Bedeutung der Familie Krupp symbolisieren, eine Funktion, der Villa Hügel ohne Zweifel gerecht wurde. Im Innern sind nicht nur die weitläufigen Haupträume und die Bibliothek sehenswert, im sogenannten Kleinen Haus befindet sich auch die zentrale Dauerausstellung zur Geschichte von Firma und Familie Krupp.

Zum Gesamtkunstwerk Hügel gehört der rund 28 Hektar große Park. Schon Alfred Krupp hatte bei der Planung und Erbauung damit begonnen, das Gelände um die Villa mit alten Bäumen zu gestalten, die unter hohem Aufwand hierhin verpflanzt wurden. Der Patriarch wollte noch zu Lebzeiten den Eindruck eines Waldparks genießen und nicht warten, bis kleine Setzlinge eine gewisse Größe erreichten. Alfreds naturwissenschaftlich interessierter Sohn Friedrich Alfred Krupp fügte später eine Fülle seltener und exotischer Gehölze und Pflanzen hinzu. In den vergangenen 50 Jahren ist die Parkanlage mit ihren 7000 Bäumen nur noch behutsam verändert worden, zuletzt hat die Krupp-Stiftung als Eigentümerin begonnen, überbaute Wege und andere vergessene Park-Details zu rekonstruieren. Sparsam mit Skulpturen und Denkmälern ergänzt besitzt der sorgsam gepflegte Park etwas, was in öffentlichen Anlagen inzwischen selten geworden ist: eine großbürgerliche Aura, eine Atmosphäre der Ruhe und Kontemplation.

Die Wanderung führt am Haupteingang des Hügel-Komplexes unmittelbar vorbei.

www.villahuegel.de

Wir überqueren die Haraldstraße, benannt nach dem jüngeren Bruder von Alfried Krupp von Bohlen und Halbach, und folgen dem gegenüberliegenden geteerten Fußweg, der zur Siedlung Brandenbusch führt.

Am Weg

Siedlung Brandenbusch

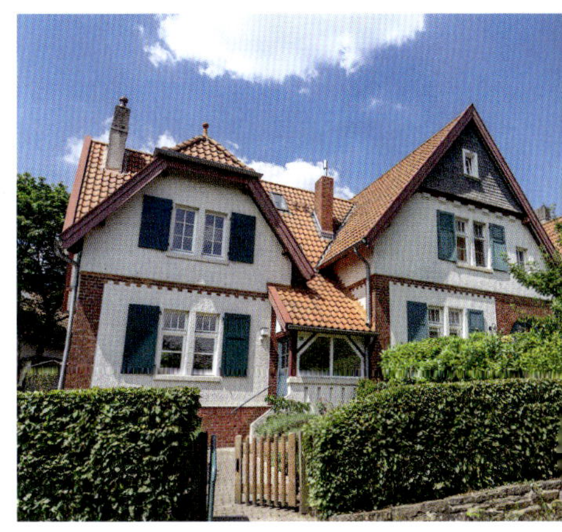

Unter den zahlreichen Krupp-Siedlungen nimmt der Brandenbusch eine Sonderstellung ein. In schöner Lage oberhalb des Hügelparks lebten hier die Angestellten der Villa Hügel ganz in der Nähe ihres Arbeitsplatzes, wo sie als Diener oder Gärtner, Köchin oder Waschfrau Dienst taten. Erbaut wurde die Siedlung ab 1885 in einem für Krupp-Siedlungen typischen Cottage-Stil. Kennzeichnend sind sichtbares Fachwerk und das malerische Gesamtbild einer kleinen Gartenstadt.

Wir biegen links in die Arnoldstraße ein, und an deren Ende folgen wir geradeaus dem Waldweg. Nach rund 100 Metern führt der BaldeneySteig nach links, wir aber gehen geradeaus weiter, bis wir nach wenigen Metern auf den Hügelweg treffen, der uns nun ins Zentrum von Bredeney bringt. Nach 300 Metern sehen wir auf der rechten Seite eine Grünanlage mit einem Findling, der den Standort der frühen katholischen Markuskapelle zeigt, errichtet von 1036 bis 1136 und wegen Baufälligkeit 1803 abgebrochen. Schauen wir geradeaus, so sehen wir die katholische Markuskirche, die nach der Zerstörung ab 1945 wieder aufgebaut und 1983 komplett renoviert wurde. Wir stoßen nun auf den urbanen Teil der Wanderung, biegen auf der Frankenstraße links ab und gehen auf die große Kreuzung der Bredeneyer Straße zu. Wir wechseln die Straßenseite an der Fußgängerampel, überqueren den Parkplatz der Nationalbank, folgen zum Ende einem kleinen Fußweg nach rechts und gehen auf dem Bürgersteig zur Fußgängerampel, um die Zeunerstraße zu überqueren. Gegenüber direkt am Bredeneyer Kreuz sehen wir die Bronzeskulptur „Duett", des Bildhauers und Zeichners Stephan Balkenhol. Das Kunstwerk wurde anlässlich des 100-jährigen Gründungsjubiläums der Nationalbank Essen gespendet und ziert seit November 2022 diese verkehrsreiche Kreuzung.

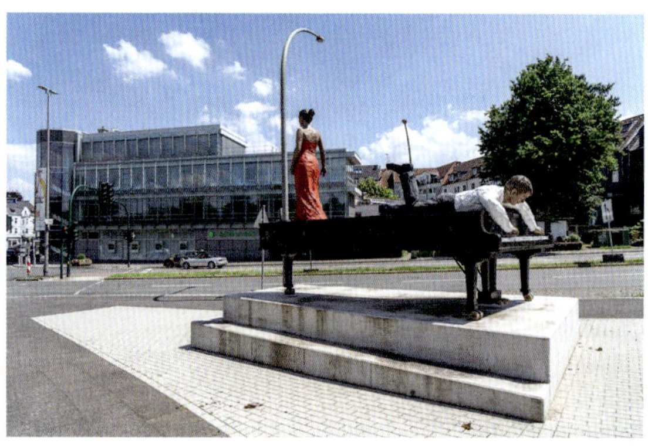

Wir folgen für 300 Metern der Meisenburgstraße geradeaus auf dem Bürgersteig, überqueren die Ruschenstraße und biegen nach 75 Metern links, direkt nach einem Flachbau mit drei kleineren Geschäften, in einen kombinierten Rad- und Fußweg ein, der uns nach 250 Metern zu dem Spielplatz Benzstraße führt. Dort biegen wir rechts ab und nach 100 Metern gehen wir links bergab auf einen Waldweg. Nach rund 250 Metern, einen Tümpel – eigentlich das Quellgebiet des Wolfsbachs – lassen wir rechts liegen, biegen wir nach rechts ab. Wir ignorieren den steileren Anstieg rechts und bleiben auf dem breiten Weg, der uns leicht ansteigend in die Siedlung Brucker Holt führt, einer Siedlung, die geprägt ist von weitläufigen Grundstücken mit villenähnlichen Häusern.

Aus dem Wald kommend gehen wir auf dem Bürgersteig die Straße Brucker Holt bergauf und biegen an der ersten Kreuzung links in die Westerwaldstraße ein. Weiterhin auf dem Bürgersteig gehen wir nach 250 Metern links in die Straße Reckmannshof hinein und stehen vor dem Kinderheim der Funkestiftung.

Am Weg

Kinderheim Funkestiftung

Das vom Architekten Albert Erbe 1913 geplante und errichtete, imposante Gebäude wurde vom Essener Industriellen Friedrich Funke in Andenken an seinen Bruder Wilhelm als Walderholungsstätte in Betrieb genommen. Die Zweiflügelanlage zeigt mit ihrer neobarocken Formensprache auch Anklänge an den Jugendstil und steht unter Denkmalschutz. Ab dem Jahr 1953 wurde unter Trägerschaft und finanzieller Beteiligung der Stadt Essen aus der Erholungsstätte eine ständige Betreuungseinrichtung von Kindern und Jugendlichen mit dem Ziel, diese auf eine selbstständige Lebensführung vorzubereiten. Dazu stehen Trainingswohnungen, eine Etage im Stammhaus für selbstständig betreutes Wohnen und ein großes Außengelände für vielfältige Spiel und Sportmöglichkeiten zur Verfügung.

Wir gehen direkt nach dem Kinderheim rechts auf den breiten Weg und folgen diesem für knapp 400 Meter. An einer Lichtung biegen wir links ab, gehen ins Tal und folgen einem schmalen Wanderweg, der uns wieder über den Wolfsbach bringt. Dabei halten wir uns immer links bergauf, kommen schließlich wieder auf eine befestigte Straße und erreichen das Wolfsbachtal. Auch hier treffen wir wieder auf einen bekannten Wanderweg, den Kettwiger PanoramaSteig.

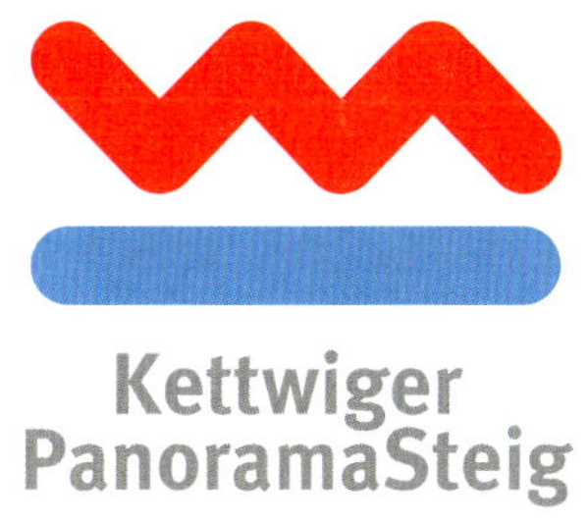

Wir folgen für 250 Meter der Straße hinab ins Tal, dann biegen wir links auf einen Waldweg ein und überqueren den Wolfsbach über eine Brücke. Dem Waldweg folgen wir für circa 900 Meter. Das Wolfsbachtal ist insbesondere in der frühen Blühzeit von Mai bis Juni, wenn die Natur aus dem Winterschlaf erwacht, sehr reizvoll. Dann überqueren wir den Wolfsbach ein weiteres Mal und folgen links der Straße Wolfsbachtal für 750 Meter, bis wir auf den Schuirweg stoßen. Wir überqueren in der Kurve die Straße und folgen dem schmalen Bürgersteig nach rechts, bis wir nach wenigen Metern links in den Rutherweg abbiegen. Für die nächsten 400 Meter bleiben wir auf der asphaltierten Straße und biegen kurz bevor die Straße ansteigt links in den Waldweg ein. Dort wandern wir an Reiterhöfen und Wiesen vorbei und stoßen schließlich auf die Straße Ruthertal und folgen dieser geradeaus. Hier entdecken wir auch schon wieder die Wanderzeichen des Kettwiger PanoramaSteigs, dieser wird auf den kommenden Kilometern unser ständiger Begleiter.

Wir folgen der Straße noch 200 Meter nach rechts, dann wandern wir auf dem anschließenden Waldweg weiter, verlassen diesen nach weiteren 150 Metern, um links dem Waldweg hinauf auf die Kettwiger Höhen zu folgen.

Auf Baumliebhaber und Botaniker wartet nun am Wegesrand eine Attraktion: Die Bezirksvertretung und das Grünflächenamt der Stadt Essen haben hier einen besonderen Waldlehrpfad erschaffen. Entlang des Wegs sind die Bäume des Jahres gepflanzt und mit der Angabe der Baumart versehen. Ein interessantes und lehrreiches Projekt. Wir folgen dem ansteigenden Weg und kommen nach wenigen Minuten zu einer der Essener Aussichten, dem Kettwiger Stadtwald.

Am Weg

Essener Aussicht Kettwiger Stadtwald

Diese Aussicht ist dem circa 109 Hektar großen Stadtwald gewidmet. Das Panorama ist grandios. Zur linken Seite sehen wir Werden mit den markanten Kirchtürmen. Der Fahrradweg entlang des Flusses war früher ein Leinpfad und ist heute Teil des Ruhrtalradwegs. Wer ganz genau auf das gegenüberliegende Ruhrufer schaut, erkennt die Golfplätze, die zum Golfclub Haus Oefte gehören.

Wir folgen weiterhin dem Weg bergauf, gehen auf der Kuppe nach links und kommen zunächst zu einer Kriegsgrabstätte mit dem dahinterliegenden Stadtwaldfriedhof Essen-Kettwig.
Wir nehmen vom Eingang der Kriegsgräberstätte den Weg, der parallel zur Straße An der Nittlau führt. Nach wenigen Schritten erreichen wir ein lichtdurchflutetes Waldstück, hier folgen wir links einem Trampelpfad in den Wald hinein, halten uns rechts, um dann wieder auf einen schmalen Pfad abzubiegen, der uns zu einem Weg führt. Diesem folgen wir für 200 Meter, bis wir an eine weitere Essener Aussicht „Am Bilstein“ gelangen. Dort angekommen sehen wir auf der gegenüberliegenden Talseite einen der ältesten Herrensitze des Ruhrtals, das Schloss Oefte mit dem weiträumigen Golfplatz. Ebenso fällt unser Blick auf ein großes, weißes Gebäude. Es ist die über die Grenzen der Region bekannte Ruhrlandklinik. Wir gehen weiter, nehmen den Weg, der bergab führt, und gelangen einem schmalen Weg folgend auf die Straße Am Bilstein. Nach 75 Metern heißt es dann, vom PanoramaSteig Abschied zu nehmen. Wir gehen nach links die Treppenstufen hinunter, die uns hinab auf die Ruhrtalstraße führen. Dort trennen uns jetzt nur noch 50 Meter bis zum Ziel. Wir müssen lediglich die Straße überqueren und nach links gehen und schon sind wir am Bahnhof Kettwig angelangt

Gastronomie:

Zur Kluse
An der Kluse 27 b
45133 Essen
Tel. 0201 441717
www.zurkluse.de

Pino’s Restaurant
Ruhrtalstraße 345
45129 Essen
Tel. 0152 04677518
www.pinos-restaurant.de

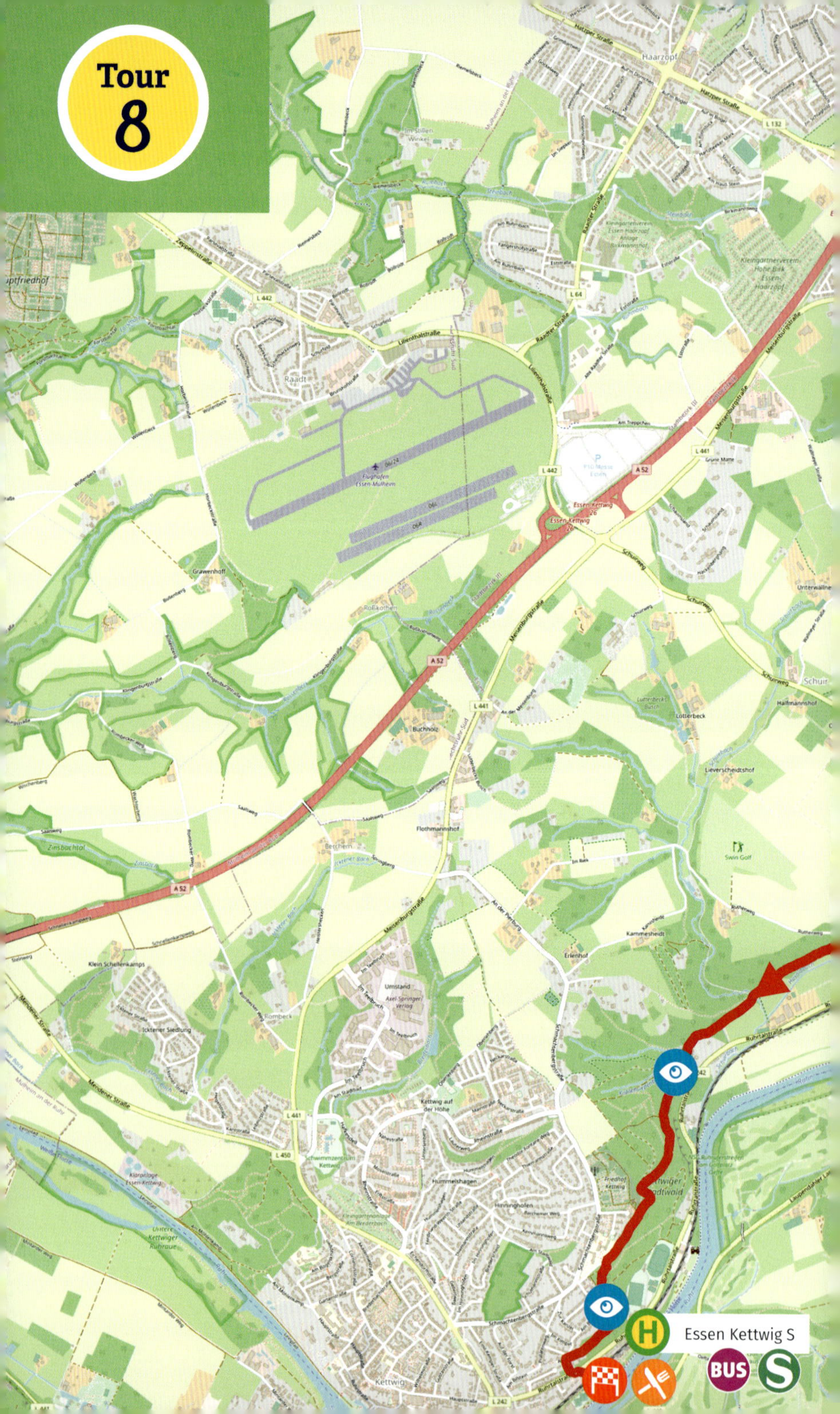

Tour 8
Haarzopf
Hatzper Straße
Raadt
Flughafen Essen-Mülheim
Raadter Straße
Lilienthalstraße
A 52
L 442
L 441
L 64
Essen-Kettwig
Grawenhoff
Buchholz
Meisenburgstraße
Schurweg
Schuir
Lotterbeck
Lieverscheidtshof
Flothmannshof
Swin Golf
Kammesheidt
Erlenhof
Kettwig auf der Höhe
Hummelshagen
Kettwig
Icktener Siedlung
Klein Schellenkamps
Mendener Straße
Ruhrtalstraße
L 242
Essen Kettwig S
BUS
S

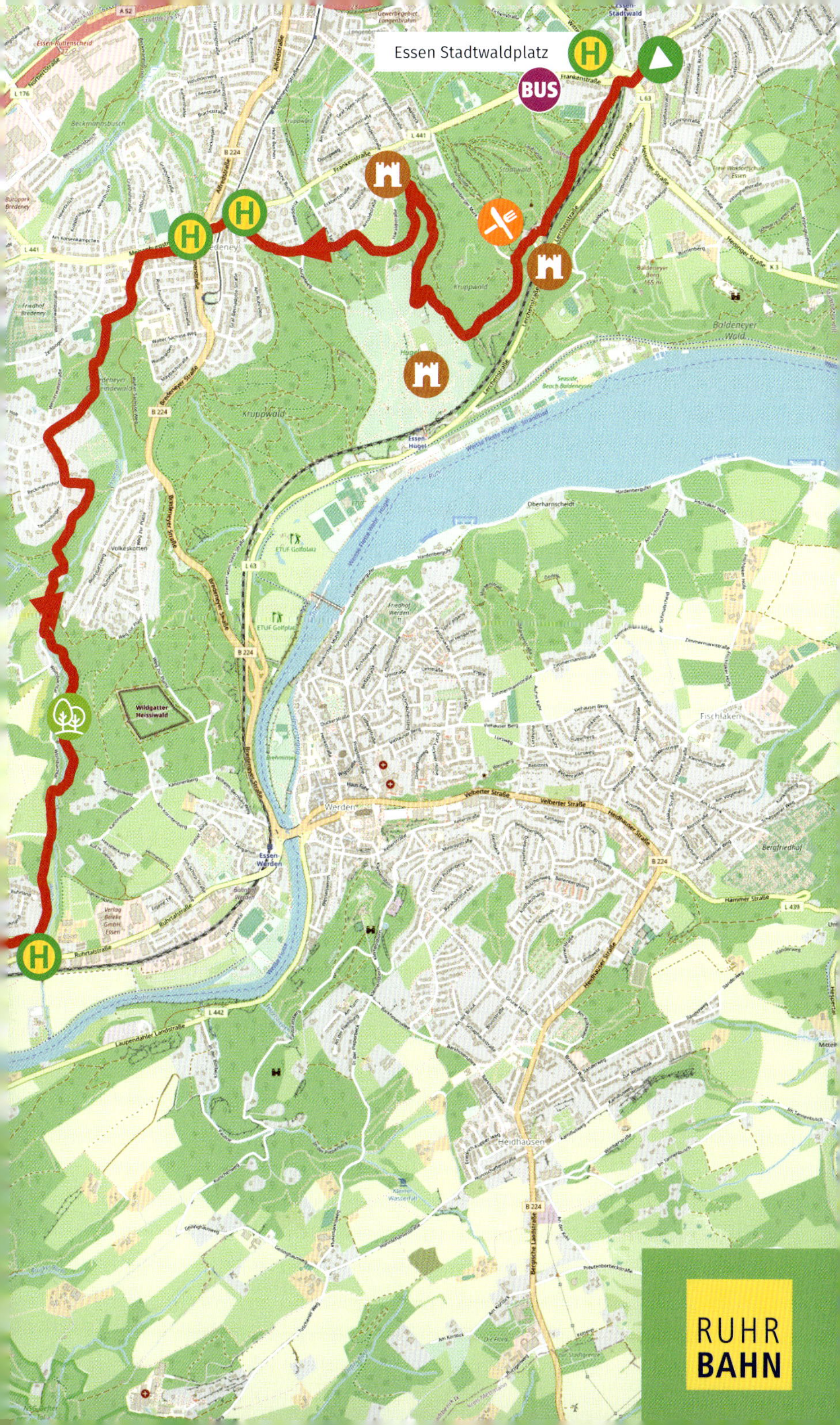
Essen Stadtwaldplatz
BUS
RUHR
BAHN

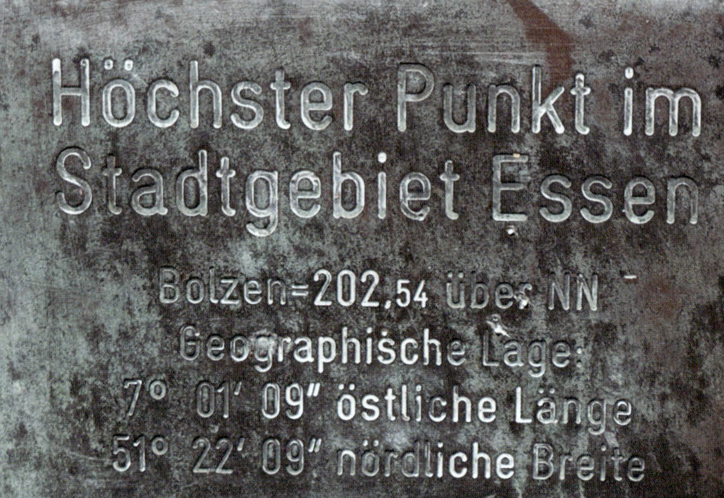

Hoch hinaus in Essen

Von Werden nach Kupferdreh

Auf dieser Tour wandern wir von Werden nach Kupferdreh, dabei folgen wir nicht den beliebten Routen entlang des Baldeneysees, sondern wir wählen die Strecke über die Anhöhe von Heidhausen nach Kupferdreh. Wir erkunden damit das Hinterland des Sees. Es ist eine Tour abseits der Menschenmassen, und wer zusätzliche 360 Meter wandern will, kommt auch am höchsten Punkt Essens vorbei.

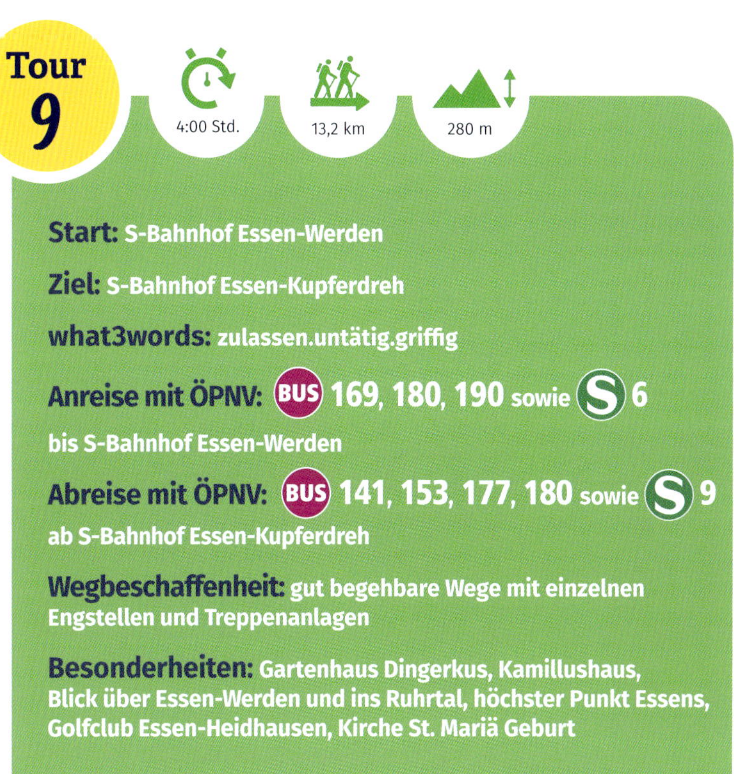

Wegbeschreibung: Wir starten die Wanderung direkt vor dem S-Bahnhof Essen-Werden und halten uns am Ampelanlagendickicht rechts. Die Ruhr überqueren wir auf der rechten Seite der Brücke, gehen an der folgenden Ampelanlage geradeaus und biegen vor dem Restaurant „Attika Grill“ rechts über den Parkplatz in die Rittergasse ein, der wir nach links folgen. Für die kommenden fünf Minuten können wir uns auch an dem Logo des Kettwiger PanoramaSteigs orientieren, denn wir folgen dem Steig, bis wir in den Waldweg einbiegen. An der nächsten Kreuzung gehen wir nach rechts, um dann direkt nach links in den Weg An der Stadtmauer einzubiegen.

Am Weg

Gartenhaus Dingerkus

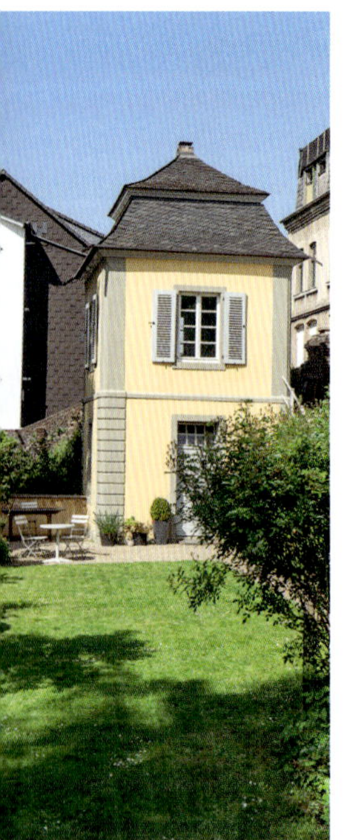

Einen Schatz der Gartenbaukunst finden wir einfach der Brandtorstraße folgend nur 50 Meter von der Kreuzung entfernt.

Der Kanzleidirektor der Abtei Werden, Johann Everhard Dingerkus, errichtete 1790 das zweistöckige, fast quadratische Haus mit einem Mansardendach vor den Toren des damaligen Werden. Der dazugehörige Garten umfasste einst etwa 4000 Quadratmeter und reichte vom heutigen Standort bis zum Ruhrufer. Seit dem Bau der Gebäude am Wesselswerth ist der Garten nur noch 500 Quadratmeter groß. In den 1950er- und 1960er-Jahren wurde er von der benachbarten Schule genutzt, bis er in den 1970er-Jahren von der Stadt Essen in den Besitz der Folkwang Hochschule überging. Im Jahr 2010 gründete sich der Freundeskreis Dingerkus e. V., der in den folgenden Jahren das denkmalgeschützte Gebäude restaurierte und den Garten teils nach historischem Vorbild wieder aufbauten.

www.gartenhaus-dingerkus.de

200 Meter bergauf folgen wir rechts einer kleinen Treppenanlage, die uns auf die Höhen Werdens führen wird. Nach wenigen Metern am Scheitelpunkt einer Linkskurve lohnt es sich, sich noch einmal umzudrehen und den Blick über Werden schweifen zu lassen: Wir blicken seitlich auf Werden. Das markante, zugegebenermaßen nicht besonders schöne, evangelische Krankenhaus, die Folkwang Universität der Künste vor der Abtei Werden und die evangelische Kirche sind zu sehen. Von diesem Punkt aus können wir die identische Höhe der beiden Kirchtürme – der evangelischen Kirche und der katholischen St.-Ludgerus-Kirche – sehr gut nachvollziehen, was die gleichwertige Bedeutung beider Kirchen zeigt. Keine 100 Meter weiter nehmen wir Abschied vom Kettwiger PanoramaSteig. An der ersten Gabelung halten wir uns links, während der Steig den Weg geradeaus nimmt. Nun heißt es, Höhenmeter sammeln, an den folgenden Gabelungen halten wir uns immer rechts. Nach der Kleingartenanlage gelangen wir schließlich zur Jugendherberge Essen.
Bevor wir die Jugendherberge erreichen, geht vorher ein schmaler Weg nach rechts ab. Wenn wir diesem folgen, kommen wir nach 30 Metern zu einem schönen Ausblick unterhalb des Gebäudes der Jugendherberge. Von dort können wir rechts bis nach Bredeney schauen, sehen das Wehr und links das Ruhrtal in Richtung Kettwig, einfach ein wunderschönes Panorama.
Wir gehen zurück, passieren die Jugendherberge, überqueren die Straße Pastoratsberg und folgen gegenüber dem Waldweg leicht bergauf. Nach 250 Metern biegen wir rechts wiederum auf einen Waldweg ab, um nach weiteren 250 Metern links der Straße An der Altenburg zu folgen. Auf den kommenden 600 Metern dient wieder das Wanderzeichen des Kettwiger PanoramaSteigs unserer Orientierung. Wir treffen nach 500 Metern auf die Straße In der Pieperbeck, gehen dort rechts und nach 125 Metern, bevor es bergab geht, verlassen wir den Steig und folgen links dem Waldweg am Rande eines Feldes. Nach 200 Metern erreichen wir ein Feld, das wir auf einem Weg durchqueren und am gegenüberliegenden Feldrand nach rechts abbiegen. Dort treffen wir auf die Straße Am Strötgen, gehen dort nach links und nach kurzen 50 Metern wandern wir rechts auf einem Wiesenweg

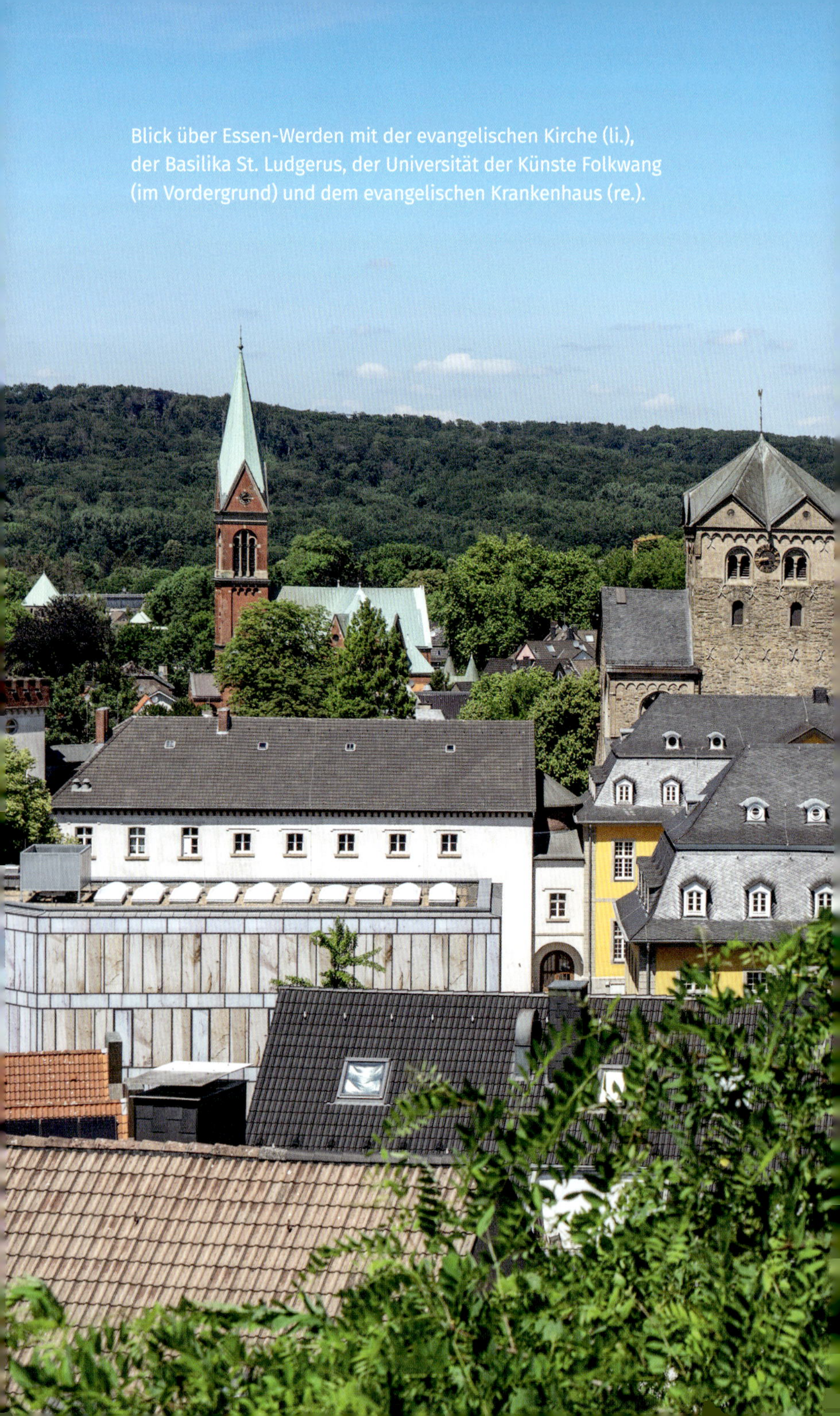

Blick über Essen-Werden mit der evangelischen Kirche (li.), der Basilika St. Ludgerus, der Universität der Künste Folkwang (im Vordergrund) und dem evangelischen Krankenhaus (re.).

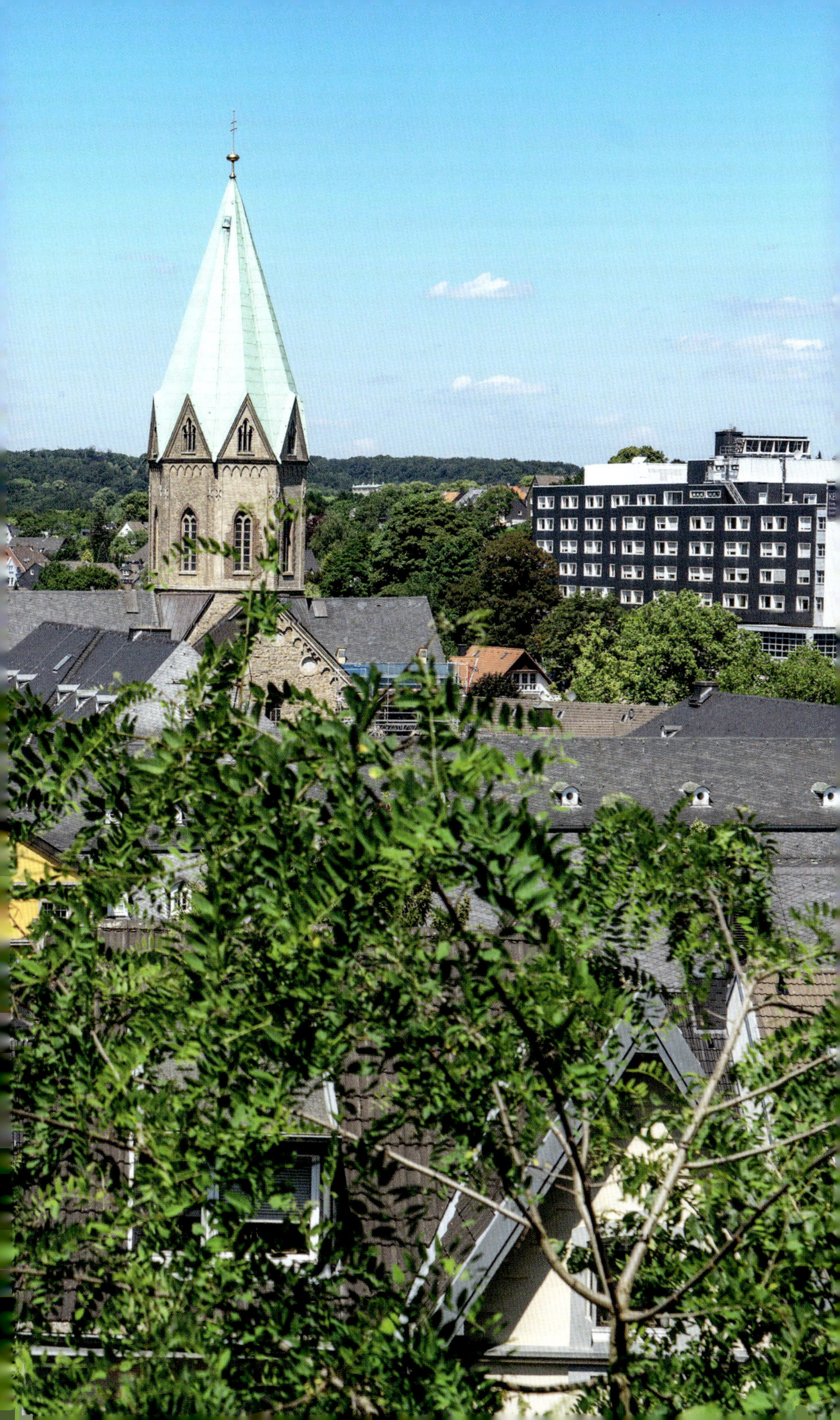

weiter, der uns zu einem Spielplatz führt. Dort geht es nach links, wir treffen auf den Friedrich-Küpper-Weg, gehen für kurze 75 Meter nach rechts und dann links über einen schmalen Wiesenweg zu Barkhovenallee, die uns nach wenigen Metern auf die Heidhauser Straße führt. Auf dem Bürgersteig wandern wir leicht bergauf bis zur nächsten Ampel, überqueren die Heidhauser Straße, sehen links das Kamillushaus und gehen weiter bergauf, bis wir nach weiteren 175 Metern rechts in die Wimberstraße einbiegen.

Am Weg

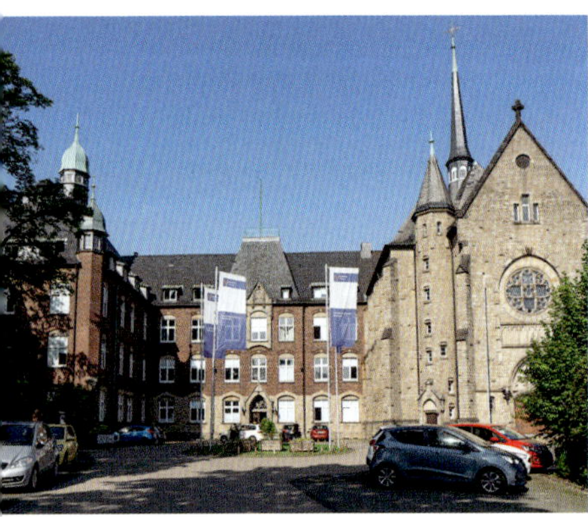

Kamillushaus

Die Fachklink wurde 1901 vom Orden der Kamillianer als Heilstätte für „Trunksüchtige catholischer Konfession" gegründet. Das beeindruckende Gebäude ist auch heute noch eine auf Suchterkrankungen spezialisierte Klinik.

Nach 20 Metern biegen wir rechts in die Straße An der Kuhl ein, der wir leicht bergauf für knappe 500 Meter folgen, um zu einem der Höhepunkte der Tour zu kommen.

Wer schon immer mal auf dem Dach der Stadt Essen stehen wollte, folgt nun rechts für 180 Meter der Preutenborbeckstraße bergauf. Dort befindet sich dann rechts ein unscheinbarer Stein mit der Höhenangabe „202,54 Meter", der Gipfel Essens, auch ohne Sauerstoffgerät und Steigeisen das ganze Jahr zu besteigen.

An der Kreuzung zur Preutenborbeckstraße biegen wir links ab und wandern auf dieser für 1,6 Kilometer ins Tal. Dabei begleitet uns die Anlage des Golfclubs Essen-Heidhausen fast die gesamte Strecke.

Unten im Tal angekommen sehen wir linker Hand das Gut Oberhasper

Am Weg

Golfclub Essen-Heidhausen

Der Golfclub Essen-Heidhausen entstand ab 1970 nach den Plänen des Golfanlagen-Architekten Donald Harradine. 1974 wurde der Platz eingeweiht, der Club besaß damals 300 Mitglieder. Zehn Jahre später entstand das Clubhaus. Auf insgesamt 80 Hektar beherbergt der Golfclub insgesamt 27 Bahnen und ist von üppigen Gehölzgruppen, Teichen und Bachläufen durchzogen. Zahlreiche Tierarten haben hier einen Lebensraum gefunden. Die Anlage ist ein wichtiger Landschaftspark und Fischluftkorridor für die Essener Innenstadt. Mit der Größe überragt die Golfanlage den Grugapark um 20 Hektar. Auf weit über 1000 ist die Zahl der Mitglieder mittlerweile angestiegen, die den Golfsport in dieser wunderschönen Landschaft genießen. Die Anlage beherbergt auch einen Gastronomiebetrieb, der auch Nichtmitgliedern zur Verfügung steht und Wanderer herzlich willkommen heißt. Dies ist auch die einzige Einkehrmöglichkeit auf der Wandertour.

www.gceh.de

mit einem kleinen Weiler am Rand des Geländes. Wir folgen für 50 Meter der Straße Hespertal nach rechts und queren die Straße an einer übersichtlichen Stelle. Dann führt uns links ein Wanderweg mit der Beschilderung des Bergischen Wegs bergauf. Dieser Weg ist schmal und teilweise recht steil und je nach Jahreszeit kann es hier auch sehr rutschig sein. Wir wandern inmitten von altem Baumbestand auf die Anhöhe, und es lohnt sich immer mal wieder sich umzudrehen, um das Panorama zu genießen. Wir überqueren die Ludscheidtstraße und gehen geradeaus in die gegenüberliegende Straße, die schließlich zu einem Wanderweg wird, den wir die kommenden 900 Meter nicht mehr verlassen. Der Bergische Weg biegt schnell nach links ab, wir kommen schließlich zur Straße Hammer Mark, der wir nach rechts folgen, um nach wenigen hundert Metern rechts in die Rodberger Straße abbiegen. Wir folgen der Straße, kürzen nach 350 Metern die Strecke ab, indem wir einen Feldweg nutzen, statt der Straße weiter über den Hof zu folgen. Nach weiteren 500 Metern gelangen wir an eine Kreuzung. Hier gehen wir rechts und befinden uns wiederum auf der Rodberger Straße. Wir folgen ihr auf der gegenüberliegenden Fahrbahn für knapp 175 Meter entgegen der Fahrtrichtung nach rechts. Achtung: Wir haben hier keinen Bürgersteig! In einer leichten Rechtskurve finden wir einen Wanderweg, dem wir nach links in den Wald folgen. Entlang eines Feldes wandern wir die kommenden 400 Meter bergauf, um dann rechts abzubiegen. Nach wenigen hundert Metern stoßen wir auf die Autobahn 44, der wir parallel bis zu einer Brücke folgen. Wir überqueren die Brücke und können in der Ferne schon unser Wanderziel Essen-Kupferdreh sehen. Wir wechseln direkt nach der Brücke links auf den breiten Schotterweg, der uns parallel der Autobahn die nächsten 425 Meter hinabführt.

Ein breiter Wanderweg leitet uns rechts bergab durch einen Wald, Hufabdrücke und Fahrradspuren zeigen, dass auch andere Freizeitsportler hier den Weg nutzen. Am Ende wird der Weg schmal und steil und bringt uns auf eine befestigte Straße, der wir geradeaus folgen, um schließlich links auf die Straße Asbachtal einzubiegen. Nur mit einem Geländer aus Holz vom Bach getrennt, wandern wir durch dieses Tal, das zu Recht als naturnah eingestuft wird. Der Weg folgt dem mäandernden Bach, im Hochsommer ist das ein wunderbar kühlender Abschnitt. Nach 350 Metern biegen wir rechts auf den breiten Weg ab und können dem Asbach für weitere 500 Meter folgen. Über eine kleine Brücke gehen wir nach links und stoßen nach 30 Metern wieder auf die Straße Asbachtal. Wir überqueren die Straße und gehen auf dem Bürgersteig keine 40 Meter nach rechts und folgen unmittelbar links einem Verbindungsweg, der hinauf zur Dilldorfer Höhe führt. Der Straße folgen wir wieder entgegen der Fahrtrichtung nach rechts bis zur Kirche St. Mariä Geburt.

Vor der Kirche folgen wir links dem Weg hinauf, der uns an der Kirche vorbeiführt und wandern weiter geradeaus über den Verbindungsweg, der uns zur Oslenderstraße bringt. Dort gehen wir nach rechts bis zur Ampel und queren links die Autobahn 44 unter einer Brücke. In der kommenden Rechtskurve gehen wir in die Straße Phönixhütte und halten uns immer geradeaus, bis wir auf die Prinz-Friedrich-

Am Weg

Kirche St. Mariä Geburt

Schauen wir nach links, sehen wir die katholische Kirche St. Mariä Geburt. Mit dem Bau der Kirche aus hellbraunem Ruhrsandstein wurde 1879 begonnen und wenige Jahre später fertiggestellt. Die neugotische Hallenkirche ist seit 1989 denkmalgeschützt und die letzte noch existierende katholische Kirche in Kupferdreh, nachdem die Kirche St. Josef 2013 abgerissen wurde. Trotz des Denkmalschutzstatus besteht der Beschluss, die Kirche aufzugeben. Dagegen haben sich viele engagierte Gläubige zu Wehr gesetzt, in der Hoffnung, die Schließung noch abwenden zu können. Eine endgültige Entscheidung ist noch offen. Der Grund, warum Kupferdreh zwei katholische Kirchen hatte, ist einfach. Kupferdreh ist kein gewachsener Stadtteil, sondern erst 1875 durch den Zusammenschluss mehrerer Gemeinden entstanden. Dadurch verlief mitten durch Kupferdreh die Grenze zwischen dem Bistum Paderborn und Köln. Die Kirche St. Mariä gehörte zum Bistum Paderborn, die restlichen Teile Kupferdrehs hingegen zum Bistum Köln. Da es keine Einigung bezüglich der Zuständigkeiten gab, wurde schließlich die Kirche St. Josef 1904 gegründet. Mittlerweile gehört das gesamte Gebiet zum Bistum Ruhr.

Straße gelangen. Nach knapp 100 Metern biegen wir rechts auf einen Fußweg ab. Unser Ziel, der Bahnhof Kupferdreh, ist hier schon ausgeschildert. Wir folgen dem Weg und nach 200 Metern erreichen wir auf der linken Seite den Bahhnhof.

Gastronomie:

Gastronomie im Golfclub Essen-Heidhausen
Preutenborbeckstraße 36
45239 Essen
http://www.dimsat.com

Bistro KU 28
Prinz-Friedrich-Straße 28 b
45257 Essen
Tel. 0176 20766816
www.bistroku28.de

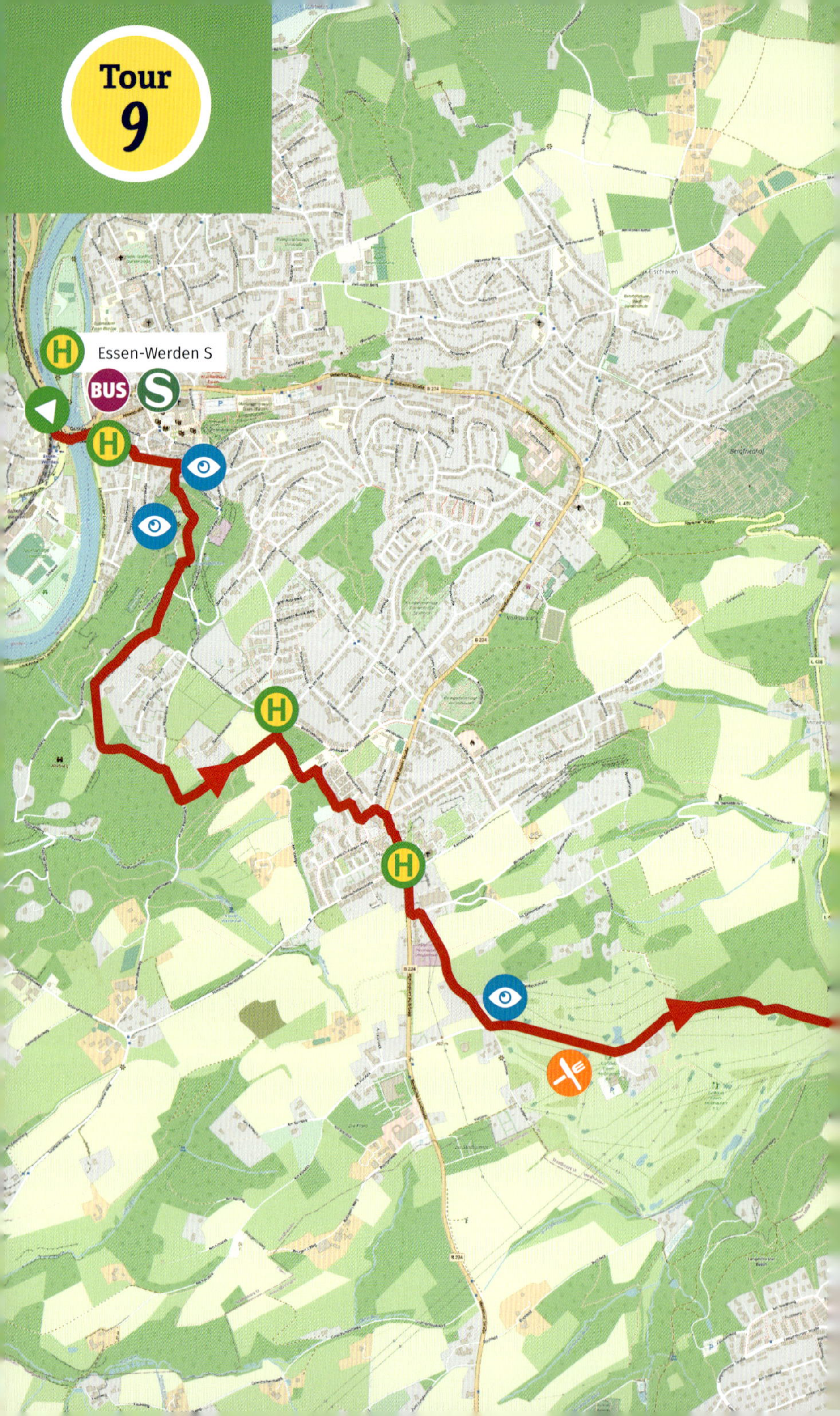

Tour
9
Essen-Werden S
BUS
S
H

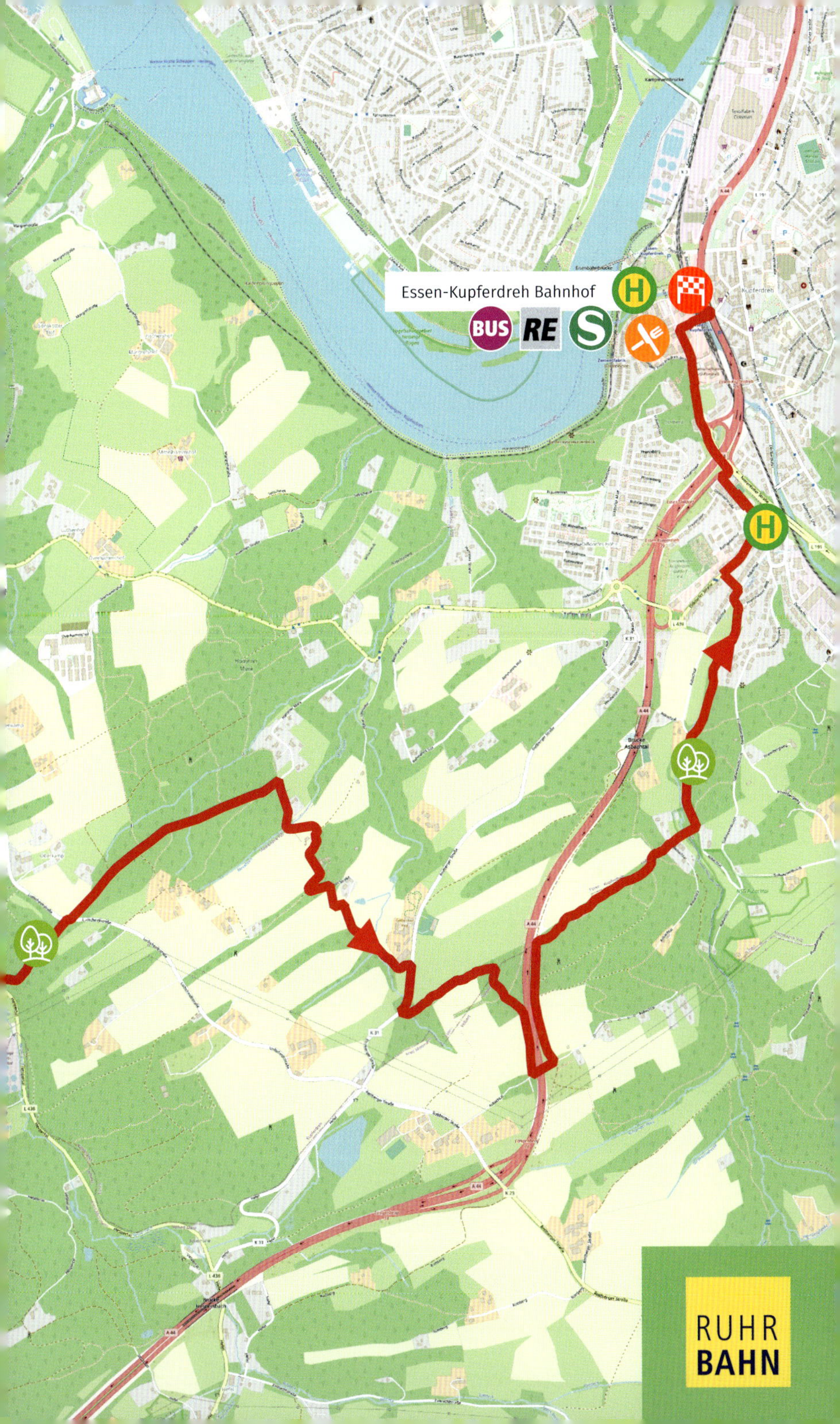

Essen-Kupferdreh Bahnhof
H
BUS
RE
S
H
RUHR
BAHN

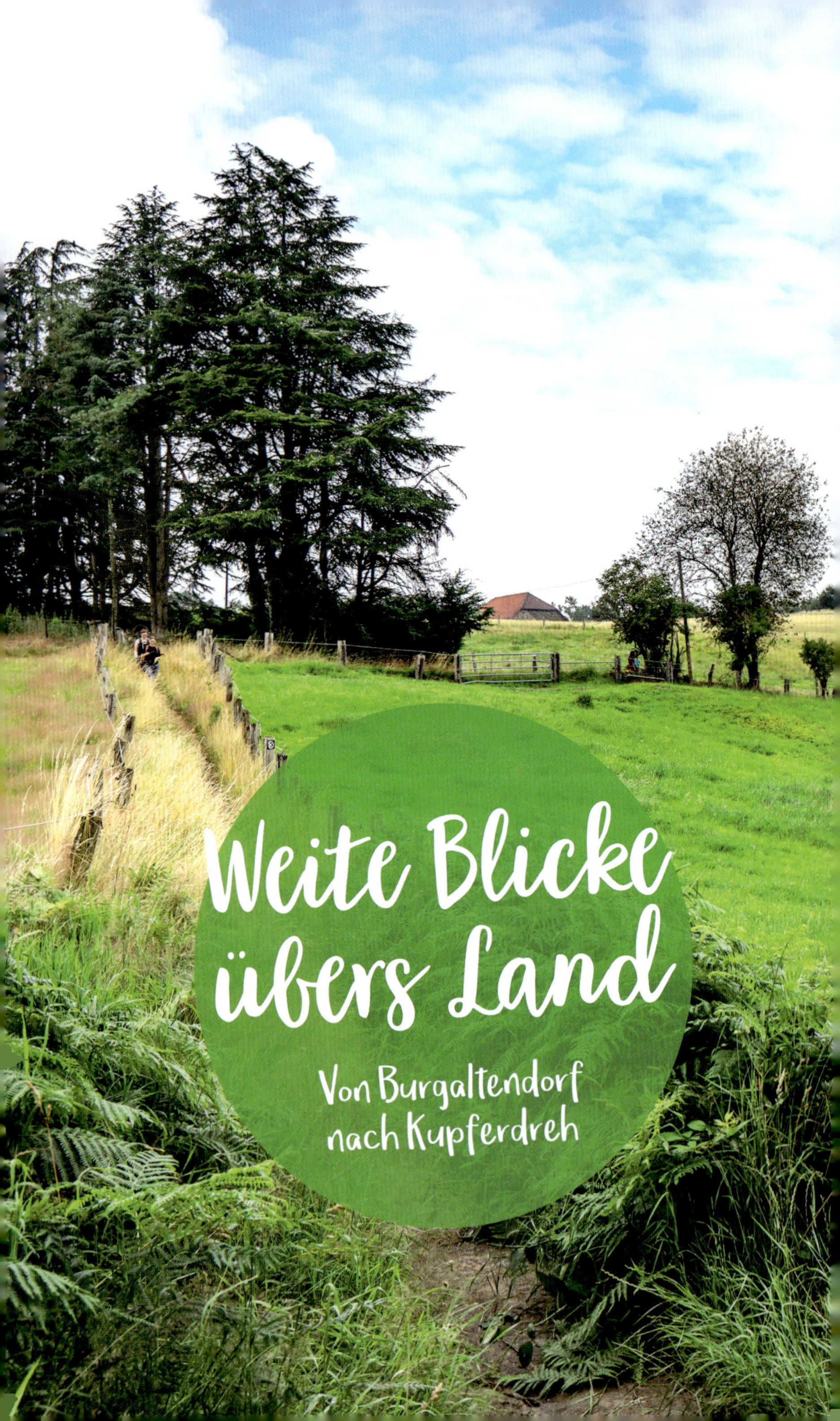
Weite Blicke übers Land
Von Burgaltendorf nach Kupferdreh

Wir verbinden mit dieser Wanderung die Stadtteile Burgaltendorf und Kupferdreh im Südosten der Stadt Essen. Die Tour führt durch eine ländliche Landschaft und ermöglicht zahlreiche Fernblicke. Und vor allem eins wird der Wanderer auf der Tour finden: Ruhe, Einsamkeit und Entschleunigung.

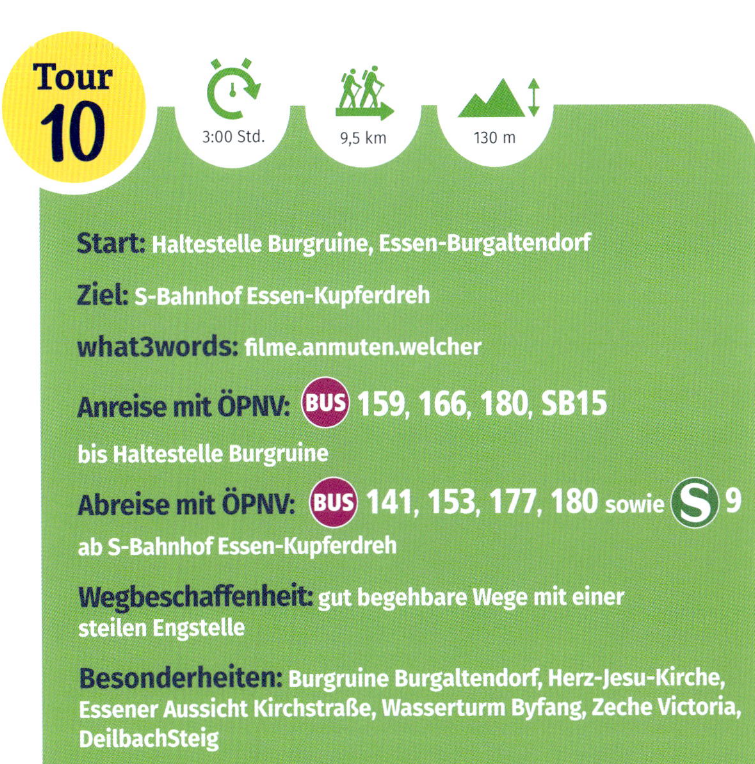

Wegbeschreibung: Die Wanderung startet direkt mit einem touristischen Highlight, der Ruine der Burg Altendorf. Es lohnt sich, sich etwas Zeit zu nehmen, um die Burganlage vor dem Start der Wanderung zu erkunden.

Am Weg

Burgruine Burg Altendorf

Die Burg Altendorf, namensgebend für den Stadtteil, ist eine romanische Wasserburg, deren Erbauung auf das 12. Jahrhundert datiert wird. Als Niederungsburg war sie einst mit einem Burggraben umgeben. In den folgenden Jahrhunderten wurde sie immer wieder umgebaut. Heute beherrscht vor allem der massive Wohnturm das Bild der Ruine. Er gilt als der größte erhaltene Wohnturm zwischen Rhein und Weser. Die Burganlage ist in eine Vorburg und eine Kernburg unterteilt. Bis in das 18. Jahrhundert war die Anlage bewohnt, danach wurde die Burg als Steinbruch genutzt und schließlich verfiel sie immer mehr. Seit den 1970er-Jahren befindet sich die Burgruine im Besitz der Stadt Essen und wurde seitdem mehrfach restauriert und ist touristisch erschlossen worden. Heute ist die Anlage frei zugänglich und Informationstafeln geben Auskunft über die Geschichte der Burg. Der Heimat- und Burgverein Burgaltendorf bietet für Interessierte zudem zwischen Mai und Oktober Führungen an, bei dem auch der Wohnturm und die Aussichtsplattform besichtigt werden können.
Informationen unter
www.hbv-burgaltendorf.de

Wir starten unsere Tour, gehen rechts die Dumberger Straße hinauf und queren an einer Ampel die Alte Hauptstraße, um geradeaus weiter der Straße zu folgen. Sie mündet in einen Fußweg, der an der Grundschule Burgaltendorf vorbeiführt. Wir biegen links auf den Bürgersteig der Holteyer Straße ab und wandern die kommenden 400 Meter leicht bergab, bis wir links auf einen breiten Waldweg stoßen, in den wir abbiegen. Die folgenden 550 Meter wandern wir bis zu einer

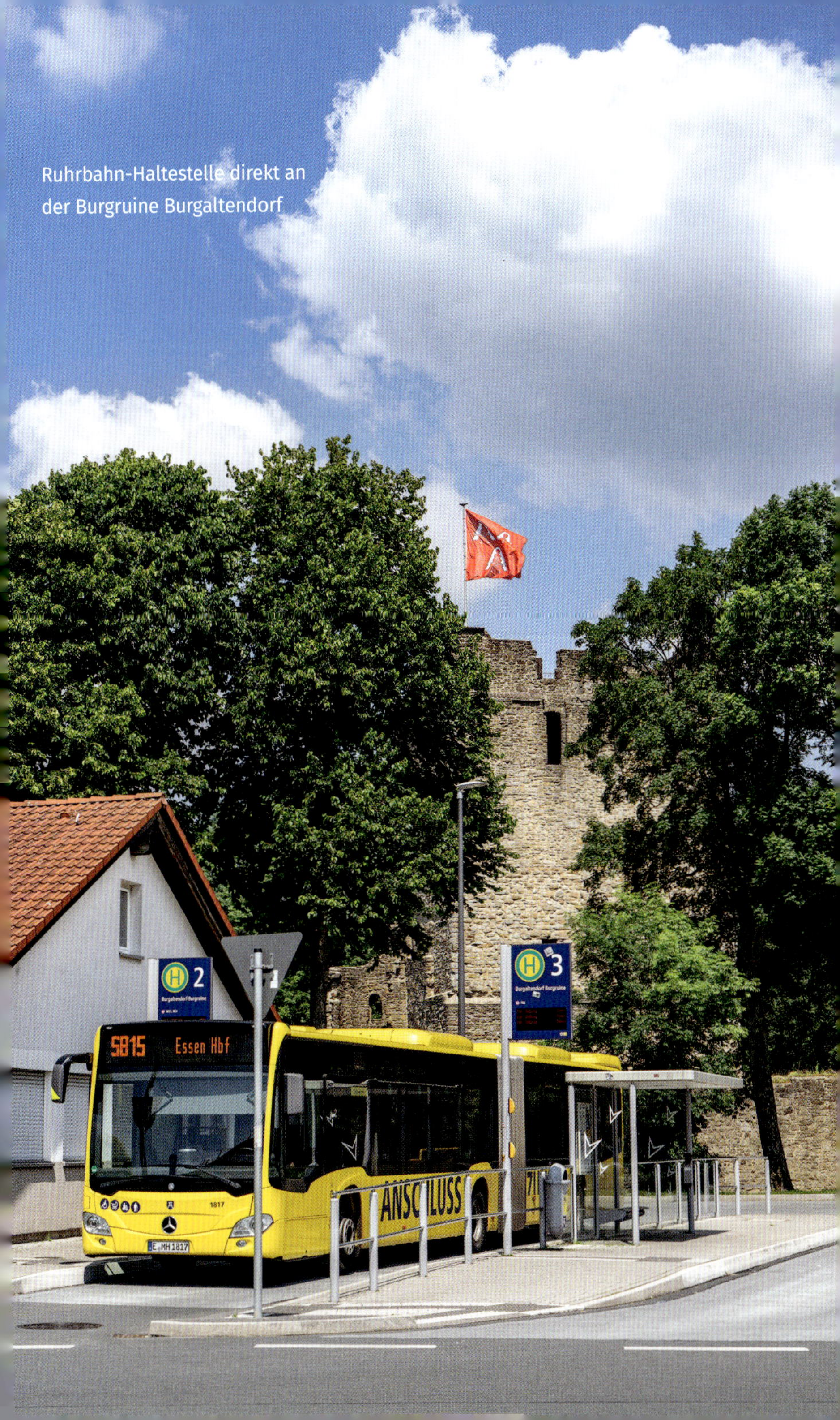

Ruhrbahn-Haltestelle direkt an der Burgruine Burgaltendorf

Weggabelung auf einem breiten Weg und genießen die Ruhe des Tals. An der Gabelung wenden wir uns nach links und gehen die Straße Am Vattersberg hinauf, die uns schließlich zum katholischen Friedhof der Herz-Jesu-Kirche führt. Durch das Eingangstor betreten wir die Begräbnisstätte, folgen dem breiten Weg, biegen nach wenigen Metern rechts ab, gehen an der Trauerhalle vorbei und dann zur Alten Hauptstraße hinauf. An der Ampelanlage folgen wir der Kirchstraße links hinauf und stehen vor der Herz-Jesu-Kirche.

Am Weg

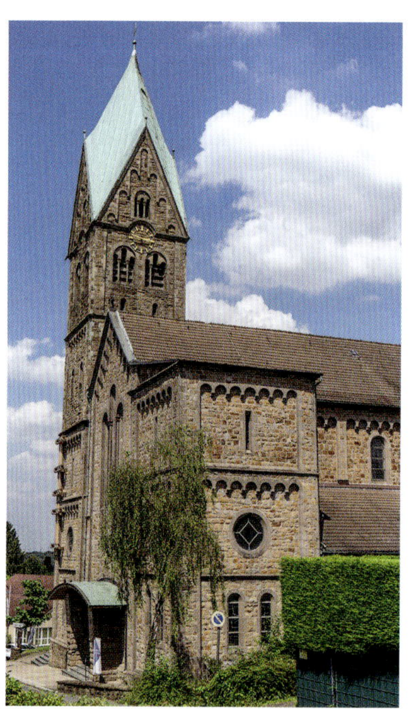

Herz-Jesu-Kirche

Der Grundstein wurde im August 1898 gelegt und die Herz-Jesu-Kirche am Ostermontag 1900 eingeweiht. Die dreischiffige Basilika ist aus Ruhrsandstein errichtet und wurde nach den Plänen des Architekten Freiherr von Fisenne gebaut. Erst 1913/14 kam der nördliche 45 Meter hohe Turm dazu. Ursprünglich sollte die Kirche noch einen zweiten Turm erhalten, allerdings verhinderten Bergbauschäden die Errichtung. Die Geschichte des Gotteshauses ist auch auf einer Informationstafel sehr gut dokumentiert. Die Kirche ist für Besucher geöffnet, erkennbar auch an der Fahne. Ist diese draußen zu sehen, ist die Kirche offen.

Wir lassen die Kirche links liegen und folgen der Kirchstraße durch eine Links- und darauffolgenden Rechtskurve für 750 Meter geradeaus. Nach 250 Metern können wir rechts an der Stele der Essener Aussicht Kirchstraße kurz verweilen und den Fernblick genießen.

Am Weg

Essener Aussicht Kirchstraße

Im Stadtteil Burgaltendorf befindet sich am Wegesrand entlang der Kirchstraße ein Punkt der sogenannten Essener Aussichten, ein Projekt der „Grünen Hauptstadt Europas – Essen 2017". Hierfür sind 30 Orte in ganz Essen ausgewählt worden, von denen die Besucher einen besonderen Blick in die miteinander vernetzten Grünzüge genießen können. Diese Hochpunkte und Blickachsen sind mit einer Sitzgelegenheit ausgestattet. Die nach Süden gerichtete Aussicht Kirchstraße zeigt die angrenzenden Stadtteile wie zum Beispiel Byfang sowie die Städte Niederwenigern, Hattingen und Langenberg.

Nur 250 Meter weiter auf unserem Weg befindet sich die erste Einkehrmöglichkeit, das Landgasthaus Brandenburg lädt im Sommer unter anderem mit einem Biergarten zum Verweilen ein. Wir biegen links in die Laurastraße ein, der wir hinab bis zur Straße Kleinheide folgen. Dieser Abschnitt führt überwiegend über Nebenstraßen, so dass hier besondere Aufmerksamkeit gefordert ist. Bitte immer am Rand der Straße entgegen der Fahrtrichtung gehen. Unterwegs kommen wir am Hofgeschäft des Bauernhofs Schulte Oversohl vorbei, bei dem Gemüse, Eier und Kartoffeln aus eigenem Anbau gekauft werden können.
An der Kreuzung biegen wir rechts für 250 Meter in die Straße Kleinheide ein und dann links in die Straße Scheebredde. Wir sehen rechts das nun bestimmende Merkmal dieses Tourenabschnitts: Reiterhöfe und Pferdekoppeln. An der kommenden Kreuzung gehen wir rechts in den Breddemannweg und nach guten 100 Metern biegen wir nach links in einen Weg ein, der uns zum Wäldchen des Byfanger Wasserturms führt. Wir wandern rechts in den Wald hinein, immer geradeaus bis wir zum Byfanger Wasserturm gelangen. Diesen umrunden wir und gehen direkt auf dem Weg am Rande des Feldes nach links, der uns wieder zurückführt.

Am Weg

Wasserturm Byfang

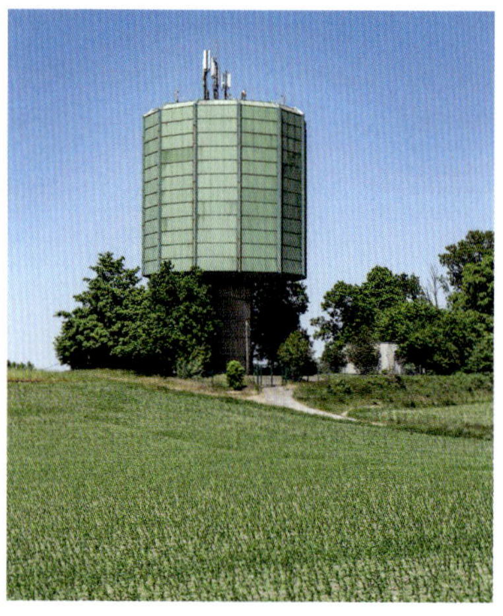

Der Byfanger Wasserturm befindet sich an der höchsten Stelle der Ruhrhalbinsel – so der Name des Stadtbezirks mit den Stadtteilen Heisingen, Kupferdreh, Byfang, Hinsel, Holthausen und Burgaltendorf – genau auf 181 Meter Höhe über Normalnull. Der 1977 neu gebaute Wasserspeicher hat ein Volumen von 2000 Kubikmetern und versorgt durch das natürliche Gefälle die Stadtteile Byfang und Kupferdreh. Vom Wasserturm aus bietet sich ein beeindruckendes Panorama auf die Umgebung.

Wir umrunden das Feld und an der gegenüberliegenden Seite finden wir nach zehn Metern einen Durchbruch, der uns auf einen Feldweg und dann hinab auf die Niederweniger Straße führt. Wir folgen links der Straße und nach knapp 100 Metern biegen wir rechts ab und gehen entlang einer Anliegerstraße, um nach weiteren rund 100 Metern auf einen schmalen Wanderweg rechts abzubiegen. Er führt uns 450 Meter leicht bergab durch ein kleines Waldstück auf die Straße Delle. Wir wandern entlang der Straße bis zu einer Rechtskurve, wo wir geradeaus einem mit dem Wanderzeichen K gekennzeichnet Weg an Zäunen entlang folgen.

Nun beginnt einer der schönste Abschnitte der Route. Wir überqueren ein Feld entlang eines Zauns, gehen auf ein Waldstück zu und erfreuen uns an dem idyllischen Talblick, leider gestört durch eine Hochspannungsleitung, aber das macht das urbane Wandern ja aus. Wenige Meter entlang des Walds folgen wir bald dem Schild „Steiler

Weg", der uns links wirklich mit einem steilen Abstieg in den Wald entlässt. Nach wenigen Metern erreichen wir eine Lichtung und ein Denkmal empfängt uns.

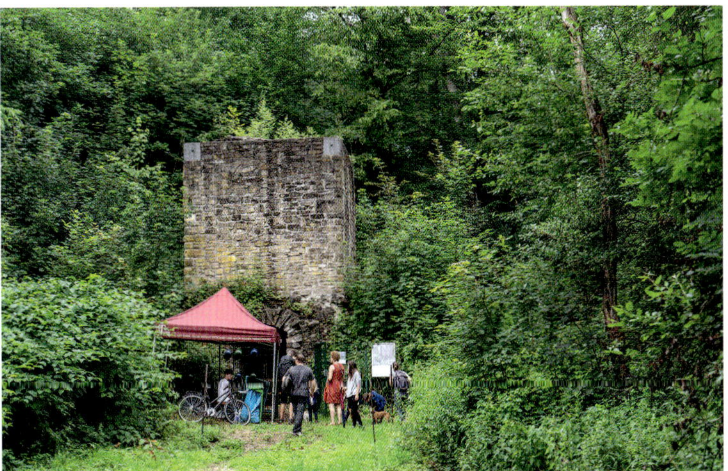

Wetterkamin des Schachtes Wilhelm der Zeche Victoria

Am Weg

Zeche Victoria

Heute als Industriedenkmal zu bestaunen, ist der Kaminsockel der ehemaligen Zeche Victoria, die 1857 aus dem Verbund mehrerer Kleinzechen entstanden ist. Der noch vorhandene Kamin ist ein sogenannter Wetterkamin, errichtet im Jahr 1890. Der Kamin sorgte für die Durchlüftung des von der Zeche horizontal erschlossenen Schachts Wilhelm. Zu dem Ensemble aus Schacht und Kamin gehörten früher noch Zechengebäude, die aber allesamt nicht mehr existieren. Der Wetterkamin wurde 1911 aufgegeben, da ein Ventilator die Arbeit besser bewerkstelligen konnte. Die Zeche Victoria musste schließlich im Zuge der Weltwirtschaftskrise 1925 schließen, fünf Jahre nach dem Höhepunkt der Kohleförderung auf der Schachtanlage. 1920 wurden hier mit 865 Kumpel 145.253 Tonnen Steinkohle abgebaut.

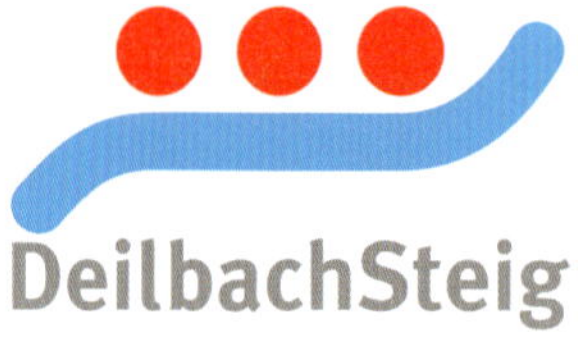

Wir wandern über die Lichtung circa 100 Meter talwärts. An der ersten Abzweigung gehen wir einer Spitzkehre folgend scharf rechts, um dann in einem leichten Linksbogen auf einer breiten Waldallee 500 Meter auf flacher Strecke bis zur Straße Delle zu wandern. Unser ständiger Begleiter wird von nun an das Wanderzeichen des DeilbachSteigs.

Am Weg

DeilbachSteig

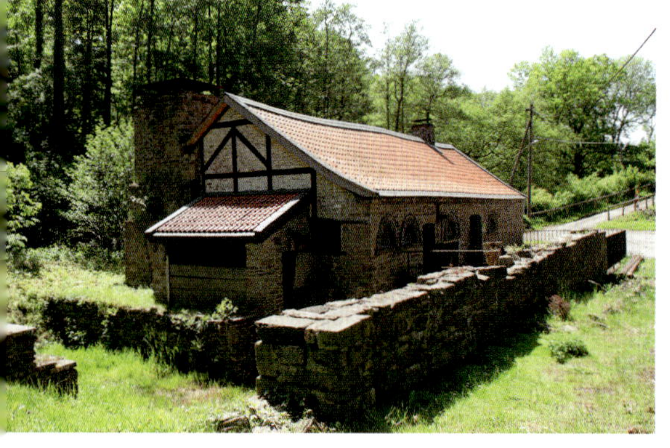

Deilbachhammer in Essen-Kupferdreh

Der DeilbachSteig ist der jüngste Wandersteig in Essen. Auf rund 33 Kilometern verbindet er die drei Städte Essen, Hattingen und Velbert und führt dabei durch eine einzigartige Kulturlandschaft. Auf dem Steig erleben die Wanderer eine fast 500-jährigen Reise in die Geschichte der Region von der frühen Landwirtschaft bis hin zum prägenden industriell genutzten Naturraum. Der Wandersteig führt neben dem Deilbachhammer zu zahlreichen weiteren Boden- und Geschichtsdenkmälern wie einem Kupferhammer, einer Ziegelei oder der ehemaligen Zeche Victoria. Das Deilbachtal zählt heute zu den ältesten Museums- und Denkmallandschaften Deutschlands, denn das Tal gilt, neben dem Muttental bei Witten, als Wiege des Bergbaus sowie der industriellen Erzeugung und Weiterverarbeitung von Kohle und Erze.

Nun heißt es wieder achtgeben, es steht kein Bürgersteig zur Verfügung. Wir gehen links die Straße Delle hinab, bis wir zur Nierenhofer Straße kommen. Dort gehen wir rechts auf dem Bürgersteig und nach 250 Metern nach einer Straßeneinmündung folgen wir dem Rad- und Fußweg, der uns für die kommenden Kilometer oberhalb der Nierenhofer Straße fern der Autos nach Kupferdreh führt. Auf den letzten Metern gehen wir bergab, queren die Kupferdreher Straße und folgen einem Fußweg, der uns hinter den Häusern 300 Meter weiter zur Kupferdreher Straße führt. Wir überqueren die Straße an der Ampelanlage und gehen auf der linken Seite auf dem Bürgersteig weiter. Nun verabschiedet sich der DeilbachSteig nach links, wir gehen aber die Kupferdreher Straße geradeaus weiter hinauf, die nach einigen Metern immer mehr von einer Wohn- zu einer Geschäftsstraße wird. Nach 550 Metern biegen wir links in die Bahnstraße ab.

Wer sich mit einem leckeren Eis am Ende der Wanderung belohnen will, geht statt in die Bahnstraße gegenüberliegend in die Byfanger Straße und findet nach 25 Metern rechts das Eiscafé Plückthun, eine über Essens Stadtgrenzen hinaus bekannte Eismanufaktur.

Wir folgen der Bahnstraße immer geradeaus, bis wir nach 200 Metern unterhalb der Brückenpfeiler der Autobahn 44 unser Ziel erreichen, den S-Bahnhof Essen-Kupferdreh.

Gastronomie:

Landgasthaus Brandenburg
Kirchstraße 67
45289 Essen
Tel. 0201/5718837
www.landgasthaus-brandenburg.de

Eiscafé Plückthun
Byfanger Straße 2
45257 Essen
Tel. 0201/488800
www.plueckthun-eiscafe.de

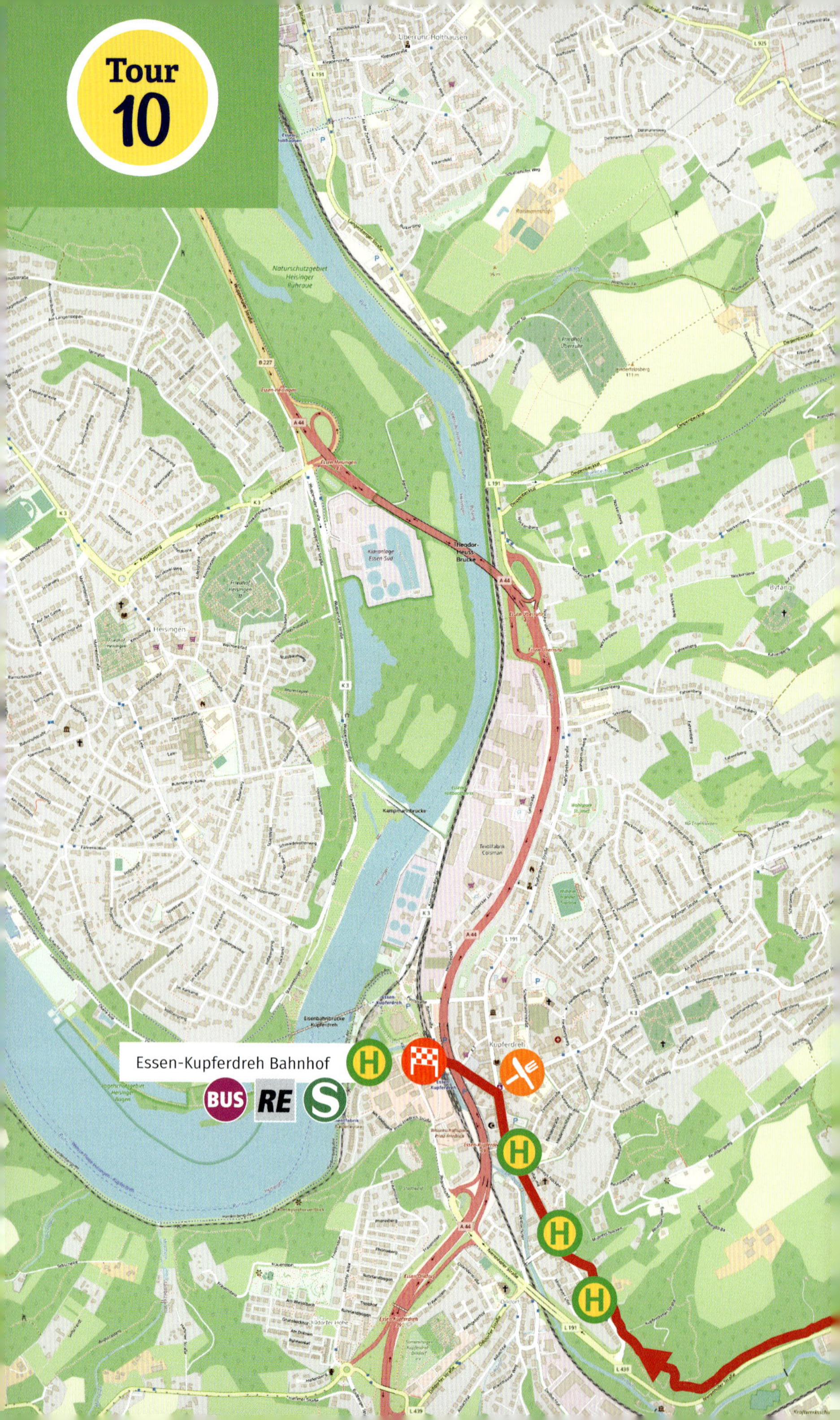

Tour
10
Essen-Kupferdreh Bahnhof
BUS
RE
S
Naturschutzgebiet Heisinger Ruhraue
Kläranlage Essen-Süd
Theodor-Heuss-Brücke
Heisingen
Kupferdreh
Byfang
Überruhr-Holthausen
Textilfabrik Colsman
Eisenbahnbrücke Kupferdreh
Kampmannbrücke

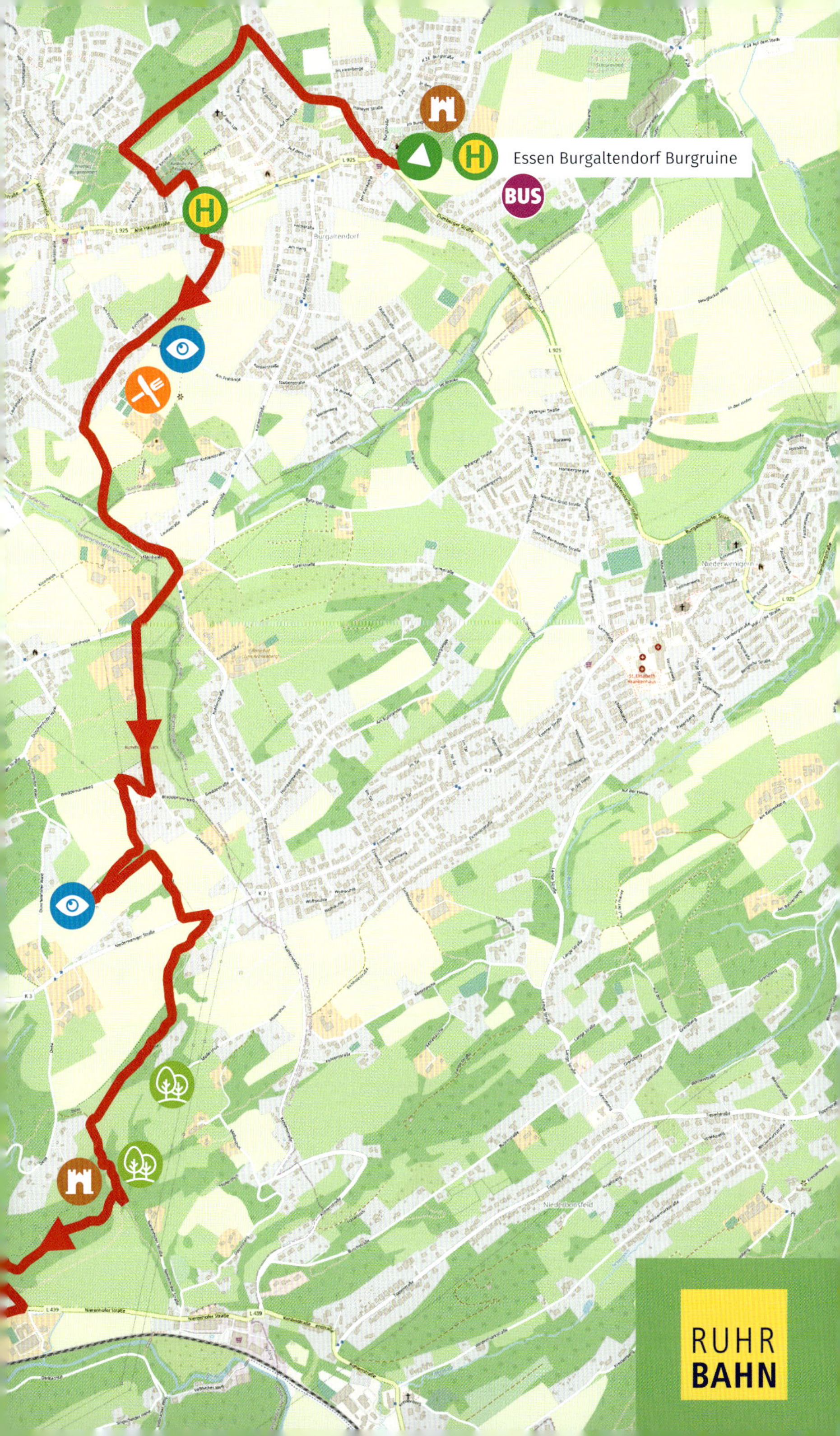

Essen Burgaltendorf Burgruine
BUS
Burgaltendorf
Niederwenigern
Niederbonsfeld
RUHR
BAHN

Dank

Die Idee für dieses Buch kam vom Klartext Verlag. Joachim Bartels tüftelte sie aus, Verlagsleiter Achim Nöllenheidt nahm sich ihrer an. Nach einiger Bedenkzeit fanden wir das Thema sehr spannend, da wir damit unser Projekt des urbanen Wanderns konsequent zu Ende denken konnten. Wandern in Essen und die An- und Abfahrt erfolgt mit der Ruhrbahn: Ökologischer können wir nicht mehr wandern und damit einen Beitrag leisten, unseren CO2-Fußabdruck so gering wie möglich zu halten. Lieben Dank Achim, Dir und Deinem Team.

Ein erneuter Glücksfall für uns ist, dass uns der Klartext Verlag Kerstin Goldbach als Lektorin zur Seite gestellt hat. Sie schafft es immer wieder, aus unseren Worten buchfähige Texte zu machen. Sie haben mehr als nur einen Dank verdient, liebe Frau Goldbach.

Natürlich haben uns mit der Ruhrbahn über die Routenplanung ausgetauscht. Liebe Simone Klose, lieber Klaus Falke, ohne Euch wäre das Projekt so nicht zustande gekommen.

Der Gedanke des urbanen Wanderns ist im Zuge der Grünen Hauptstadt 2017 entstanden, manifestiert durch den BaldeneySteig. Ich bedanke mich ausdrücklich bei der Beigeordneten der Stadt Essen Simone Raskob sowie ihrem Team der Grünen Hauptstadt Agentur Olaf Poch, Kai Lipsius und Lisa Klaumann. Die Grüne Hauptstadt Agentur hat dieses Projekt mit ihrer Unterstützung erst ermöglicht. Urbanes Wandern ist nun durch die Kombination mit dem ÖPNV radikal zu Ende gedacht. Und Ihr habt uns ein planerisches Geschenk gemacht. Wir hatten die Freiheit, Wanderwege neu zu denken, da wir nun nicht mehr einen Rückweg einplanen mussten. Und danke, dass Ihr den Geist der Grünen Hauptstadt immer wieder neu denkt, plant und umsetzt.

Wir wünschen allen Lesern viel Spaß und halten es in Anlehnung an den Philosophen Franz Beckenbauer: Geht's raus, fahrt's Ruhrbahn und wandert's.

Jochen und Ralph

Schlussendlich wollen wir noch für Respekt werben. Nicht wenige Wege unserer Touren führen über kombinierte Rad- und Wanderwege. Das birgt mitunter Konfliktpotential. Aber es ist so einfach: Liebe Wanderer, geht doch ein Stück zur Seite und wenn es eng wird, geht hinter- statt nebeneinander, und liebe Radfahrer verlangsamt Eure Geschwindigkeit und nehmt Rücksicht auf die Wanderer, eine Klingel hat nicht automatisch Recht.

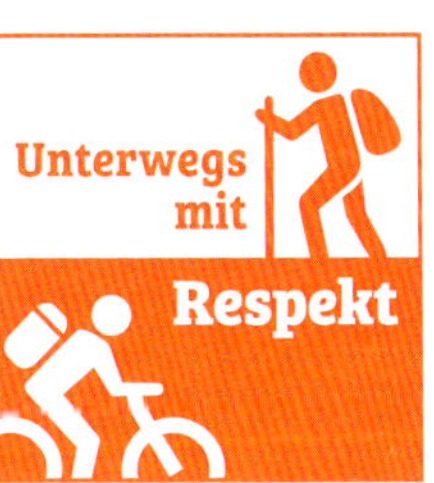

Allgemeine Hinweise

Selbstverständlich sind alle Touren in diesem Wanderführer erprobt, und die Wegbeschreibungen und Kartenausschnitte sind so detailliert, dass sie auch ohne technisches Gerät problemlos nachgewandert werden können. Wer zur Sicherheit trotzdem die GPX-Daten herunterladen möchte, findet diese auf der Internetseite des Verlags.

Da die vorgestellten Wege in die Natur führen, sind sie der Witterung und damit der Veränderung ausgesetzt. Sollten Sie feststellen, dass irgendwo unüberwindbare Hindernisse entstanden sind oder dass sich die Wegführungen verändert haben, dann sind Autoren und Verlag für einen Hinweis sehr dankbar.

Bitte beachten Sie, dass es sich bei den aufgeführten Zeitangaben um die reine Gehzeit handelt: Auf den vorgestellten Touren ist so viel zu sehen, dass Sie unbedingt zusätzliche Zeit einplanen sollten – und entsprechend Proviant.

Die GPX-Daten zu den Touren finden Sie unter
http://www.klartext-verlag.de/gpx-daten

Ausschlussformel

Alle Informationen und Angaben zu Adressen und Öffnungszeiten wurden vom Verlag und den Autoren nach bestem Wissen und Gewissen zusammengestellt. Zum Zeitpunkt der Recherche waren sie korrekt, eventuell kann es nach Erscheinen zu Änderungen kommen. Für die Richtigkeit der Angaben in diesem Buch kann keine Haftung übernommen werden, weshalb die Nutzung auf eigene Gefahr erfolgt. Dies gilt auch für eventuelle Abweichungen bei den GPX-Daten. Für die Webseiten Dritter, die in diesem Werk genannt werden, übernehmen weder Verlag noch Autoren Haftung.